中国社会科学院学部委员专题文集
ZHONGGUOSHEHUIKEXUEYUAN XUEBUWEIYUAN ZHUANTI WENJI

14C测年与中国考古年代学研究

仇士华◎著

中国社会科学出版社

图书在版编目(CIP)数据

^{14}C测年与中国考古年代学研究 / 仇士华著 . —北京：中国社会科学
出版社，2015.6

（中国社会科学院学部委员专题文集）

ISBN 978 – 7 – 5161 – 6033 – 6

Ⅰ.①1… Ⅱ.①仇… Ⅲ.①碳十四测年法—文集
Ⅳ.①K854.2 – 53

中国版本图书馆 CIP 数据核字（2015）第 085679 号

出 版 人 赵剑英
责任编辑 郭 鹏
责任校对 张依婧
责任印制 李寡寡

出 版 中国社会科学出版社
社 址 北京鼓楼西大街甲 158 号
邮 编 100720
网 址 http://www.csspw.cn
发 行 部 010 – 84083685
门 市 部 010 – 84029450
经 销 新华书店及其他书店

印刷装订 环球印刷（北京）有限公司
版 次 2015 年 6 月第 1 版
印 次 2015 年 6 月第 1 次印刷

开 本 710×1000 1/16
印 张 11.25
插 页 2
字 数 203 千字
定 价 39.00 元

前　　言

　　哲学社会科学是人们认识世界、改造世界的重要工具，是推动历史发展和社会进步的重要力量。哲学社会科学的研究能力和成果是综合国力的重要组成部分。在全面建设小康社会、开创中国特色社会主义事业新局面、实现中华民族伟大复兴的历史进程中，哲学社会科学具有不可替代的作用。繁荣发展哲学社会科学事关党和国家事业发展的全局，对建设和形成有中国特色、中国风格、中国气派的哲学社会科学事业，具有重大的现实意义和深远的历史意义。

　　中国社会科学院在贯彻落实党中央《关于进一步繁荣发展哲学社会科学的意见》的进程中，根据党中央关于把中国社会科学院建设成为马克思主义的坚强阵地、中国哲学社会科学最高殿堂、党中央和国务院重要的思想库和智囊团的职能定位，努力推进学术研究制度、科研管理体制的改革和创新，2006 年建立的中国社会科学院学部即是践行"三个定位"、改革创新的产物。

　　中国社会科学院学部是一项学术制度，是在中国社会科学院党组领导下依据《中国社会科学院学部章程》运行的高端学术组织，常设领导机构为学部主席团，设立文哲、历史、经济、国际研究、社会政法、马克思主义研究学部。学部委员是中国社会科学院的最高学术称号，为终生荣誉。2010 年中国社会科学院学部主席团主持进行了学部委员增选、荣誉学部委员增补，现有学部委员 57 名（含已故）、荣誉学部委员 133 名（含已故），均为中国社会科学院学养深厚、贡献突出、成就卓著的学者。编辑出版《中国社会科学院学部委员专题文集》，即是从一个侧面展示这些学者治学之道的重要举措。

　　《中国社会科学院学部委员专题文集》（下称《专题文集》），是中国社会科学院学部主席团主持编辑的学术论著汇集，作者均为中国社会科学院学部委员、荣誉学部委员，内容集中反映学部委员、荣誉学部委员在相关学科、专业方向中的专题性研究成果。《专题文集》体现了著作者在科学研究实践中长期关注的某一专业方向或研究主题，历时动态地展现了著作者在这一专题中不断深化的研究路径和学术心得，从中不难体味治学道路之铢积寸累、循序渐进、与时俱进、未有穷期的孜孜以求，感知学问有道之修养理论、注重实证、坚持真理、服务社会的学者责任。

2011 年，中国社会科学院启动了哲学社会科学创新工程，中国社会科学院学部作为实施创新工程的重要学术平台，需要在聚集高端人才、发挥精英才智、推出优质成果、引领学术风尚等方面起到强化创新意识、激发创新动力、推进创新实践的作用。因此，中国社会科学院学部主席团编辑出版这套《专题文集》，不仅在于展示"过去"，更重要的是面对现实和展望未来。

这套《专题文集》列为中国社会科学院创新工程学术出版资助项目，体现了中国社会科学院对学部工作的高度重视和对这套《专题文集》给予的学术评价。在这套《专题文集》付梓之际，我们感谢各位学部委员、荣誉学部委员对《专题文集》征集给予的支持，感谢学部工作局及相关同志为此所做的组织协调工作，特别要感谢中国社会科学出版社为这套《专题文集》的面世做出的努力。

《中国社会科学院学部委员专题文集》编辑委员会

2012 年 8 月

自 序

1959 年笔者和蔡莲珍从中国科学院原子能研究所调到中国社会科学院考古研究所做 ^{14}C 测年工作，当时国内没有参照的实验室，没有这一类的仪器工厂。面对一片空白，我们首先从调研文献开始，了解国外最新技术的发展情况，然后根据国内的条件制定了研制探测器及一系列用于测量的电子仪器，建立屏蔽室，建立制作样品的真空系统等所有的实验设备。这样一整套周密的计划，报经夏鼐所长批准后实施。在克服了各种困难之后，终于在 1965 年建成实验室。经过盲测，获得一批考古年代数据，达到了考古学家可以满意应用的水平，从而填补了国内这方面的空白。

中国社会科学院考古研究所实验室面向全国考古界，测出数以千计的 ^{14}C 年代数据，并编辑出版了《中国考古学中碳十四年代数据集（1965—1991）》。使不同地区的各种新石器文化有了年代关系的框架，使中国的新石器时代考古学因为有了确切的年代序列而进入了一个新时期。同时，结合考古开拓的相关研究有：

第一，新石器时代遗址经常出现白灰面，经化学分析其主要成分是碳酸钙，但无法证明是经过人工烧制石灰形成的。我们认为石灰是石灰石经过烧制后形成的氧化钙，使用时加水形成氢氧化钙，干燥后再吸收大气中的二氧化碳，又形成碳酸钙，其中的碳则含有 ^{14}C，可用于测定年代。因此我们采集了一批白灰面样品测定年代，证明至少在 4000 多年前，中国就已经能烧制石灰了。

第二，河南巩县铁生沟遗址出现有煤炭，于是有人认为汉代炼铁燃料已经使用了煤炭。我们认为铁中的碳来自冶炼时燃料的碳，可以采集各个时期的铁样进行 ^{14}C 测定。结果证明直到宋代才开始用煤炭炼铁。宋代以前炼铁燃料用的都是木炭。

第三，南方石灰岩地区，考古发现许多早期洞穴遗址和贝丘遗址，¹⁴C 测出的年代均在 9000—8000 年前，甚至有超过 1 万年的，因此怀疑样品可能受死碳影响致使年代偏老。经中国社会科学院考古研究所和北京大学考古学系常规¹⁴C实验室的实地考察和测定研究得出，陆生动植物样品一般不受死碳影响；水生动植物样品会受到不同程度的影响，贝壳的年代一般偏老 1000—2000 年。因而证实南方许多洞穴和贝丘遗址年代是很早的。

第四，我们利用动物骨样品提取骨胶原测年的机会，对人和动物的骨胶原作了¹³C 和¹⁵N 的同位素分析，研究了新石器时代人类的主食和肉食情况，以及渔猎和家养动物的情况，得出北方人主食以小米为主，南方人主食以稻米为主。这样，在国内开辟了将稳定同位素分析应用于研究古人类和动物食谱的新领域。

随着¹⁴C 测年技术的发展和不断完善，¹⁴C 测年的精度在提高，出现了高精度树轮校正曲线，因而可以使采用系列样品方法测定出考古事件的日历年代误差大为缩小。

所谓系列样品方法，就是按田野考古层位或文化分期采集的系列样品，测出一系列¹⁴C 年代，同时做树轮年代校正。因为这些样品在考古上有相对序列，同时做树轮年代校正时能相互制约，因而使校正后的样品日历年代误差大为缩小。

对此，我们在 20 世纪 80 年代就已经加以关注，1995 年 5 月在河南偃师召开的"中国商文化国际学术讨论会"上发表了《解决商周纪年问题的一线希望》的主题演讲，在国内最先提出了上述系列样品测年方法。同年年底在策划"夏商周断代工程"国家重点研究课题的会议上，提出将其应用于夏商周时期的考古年代测定是有参考价值的。

本书专门阐述了¹⁴C 测年技术的发展过程以及该技术在中国考古学中的应用，特别是系列样品¹⁴C测年方法应用以后，在建立考古年代框架方面使年代误差比以前大为缩小。

由于考古年代学研究课题是跨学科的，要照顾到各方面读者的需求。即既可以提供给历史考古界的专家选择阅读有关部分内容，了解目前中国考古年代学的最新研究成果，也可以供本行业专家全面审视。对于一般有兴趣的广大学者，也可以由浅入深了解大致的内容和研究状况。为此，我们还专门编写了：

第一章，^{14}C 测年方法研究；第二章，为提高精度所做的技术改进研究；第三章，系列样品 ^{14}C 测年方法中的数据处理研究；第四章，结合夏商周考古实际测定的情况；第五章，夏商西周考古年代测定的讨论与结论；最后附上有关夏商周考古年代学研究的论文 10 篇。

^{14}C 测年与中国考古年代学研究所取得的成果，应该说是两个学科相合作的集成成果，特别是"夏商周断代工程"的多学科合作，极大地推动了将系列样品 ^{14}C 测年方法应用于夏商周考古工作。本书的编写仅是体现了我个人对实施系列样品 ^{14}C 测年方法的看法和对成果的认可。为阐述全面，书后附选了 10 篇有关论文，其中 6 篇是与蔡莲珍合作的，由于长期在 ^{14}C 测年工作中的合作研究，我们在思路和观点上有较好的沟通，其中 1 篇是和张长寿合作的，他是夏商周断代工程中西周课题负责人。在编写本书时，相互都曾交换过意见，并受到他们的热忱支持。当然，书中可能出现的缺点和错误，只能由我个人负责。诚恳期待专家和广大读者的批评指正，以便在今后考古年代学研究工作中改进。

目　　录

第一章 ^{14}C 测年方法研究

一 ^{14}C 测定年代原理

19 世纪到 20 世纪初是研究放射性现象最活跃的时期，1936 年首先发现了 ^{14}C 放射性。之后，关于中子核反应产生 ^{14}C 的许多核反应现象的研究也相继在实验室完成。同样，自然界也存在放射性元素产生的相应条件。考夫（S. A. Korff）在研究宇宙射线中子时发现其浓度随高度而增加，达到最高值后又逐渐减少，这表明宇宙射线中子的次级性质。因为，中子的平均寿命只有 12 分钟，除了从太阳射来地球的以外，其他的在漫长的宇宙旅行中已经衰变。地球大气中的宇宙射线中子只能是外来高能宇宙射线与大气物质作用的产物。而宇宙射线中子与大气中氮元素进行核反应产生自然 ^{14}C 放射性同位素的反应截面远大于与其他元素，如氧元素。因此，高空众多的宇宙射线中子在到达地面的过程中，大多数因与 ^{14}N 反应而形成了 ^{14}C 原子（^{14}N + n → ^{14}C + P）。据考夫（S. A. Korff）估计，年 ^{14}C 产生率达 0.8 个/平方厘米地球表面·秒，全球 ^{14}C 年产生率达几公斤。这一成果引发了美国化学家利比（W. F. Libby）创建 ^{14}C 测定年代方法的构思，并于 1949 年发表了 ^{14}C 测定年代的实践成果。10 年后，利比本人也因此而荣获 1960 年的诺贝尔化学奖。

大气中新形成的 ^{14}C 原子不可能单独存在很久，必然与大气中数量众多的氧元素结合形成 CO_2，成为大气 CO_2 中的一部分而加入碳在全球的循环运动。^{14}C 产生于高空大气，由于气流运动非常迅速，很快就在整个大气中均匀扩散。因此，大气是第一个 ^{14}C 储存库，并通过大气 CO_2 在自然界的交换循环运动，进入其他储存库。

碳元素是生命的基本元素之一，均来自植物通过光合作用吸收大气 CO_2，固定碳形成植物机体。动物则直接或间接依赖植物而生。所有生物界含的碳都来自大气 CO_2，因此，^{14}C 也随之进入生物界，成为 ^{14}C 又一个储存库。

地球表面有三分之二为江河湖海水面，同样会从大气中吸收 CO_2 或与之交换 CO_2，使水域中所有含碳物质，如碳酸盐类、水生物等都会含有 ^{14}C。海洋广而深，通过海流运动可使 ^{14}C 充实到各个深度，因此水域是 ^{14}C 最大的储存库。其他如陆生生物、海洋生物残骸形成的沉积物中同样会存有残留的 ^{14}C。

^{14}C 是不稳定的放射性元素，会不断放射 β 粒子形成 ^{14}N 原子（^{14}C → β + ^{14}N），每经 5730 ± 40 年衰减为原来的一半。自然界不断在大气高空产生新的 ^{14}C，^{14}C 又不断因衰变而减少，假定这一现象已存在上万年，大气 CO_2 中 ^{14}C 含量必然达到一定平衡值。同样，生物体内的 ^{14}C 因衰变和新陈代谢不断减少，同时通过光合作用或摄食而得到 ^{14}C 补充，生物体内生命碳中 ^{14}C 含量也会维持在一定的平衡值。海洋表面同样也通过交换和吸收不断从大气中得到 ^{14}C 的补充。因此，可以认为大气中 CO_2 的 ^{14}C 放射性和各种处于不断与大气进行交换状态物质的 ^{14}C 放射性，都维持在一定的平衡值。早期为验证这一事实，曾利用树轮木材进行 ^{14}C 放射性测定，因为树轮木质每年生长一轮，其 ^{14}C 放射性代表了当年大气的 ^{14}C 放射性水平。

但是，物质一旦与大气 CO_2 停止了交换，如生物死亡，体内的 ^{14}C 就得不到补充，只能按 ^{14}C 衰变规律而不断减少。因此，根据生物遗骸体内 ^{14}C 减少的程度，利用衰变公式，可以计算得出该生物死亡的年代。

$$T = \tau \ln(A_0 / A_s)$$

式中 T 为生物死亡的年代；τ 为 ^{14}C 平均寿命；A_0 为生物处于同大气交换平衡状态时的原始 ^{14}C 放射性；A_s 为生物体内残留的 ^{14}C 放射性。

放射性衰变规律已经千百次得到证实，它不受外界任何化学、物理等条件影响，作为测年机理而言，^{14}C 是最清楚、最可靠的方法。因此，^{14}C 测定方法一直被认为是最可靠的测年方法，常作为与其他测年方法比较的基础，其年代的可信度和精确度决定于所取参数 τ、实验值 A_0 和 A_s

的精确程度。

$\tau = 1/\lambda$，λ 为 ^{14}C 衰变常数，τ 决定于放射性半衰期测定值的准确性，^{14}C 半衰期 $= \tau \cdot \ln2$；而 A_0 决定于 ^{14}C 测定原理中基本假设的可靠性和测量精确程度；A_s 则应准确代表了样品本身残留放射性并得到实验精确测定。

二　^{14}C 年代应用中需要注意的问题和 ^{14}C 年代校正

尽管 ^{14}C 测定依赖的放射性衰变规律是固定不变的，但 ^{14}C 测定原理中使用了三个基本假定：第一，自然界 ^{14}C 产生的现象自古以来（若干万年以来）没有变化，^{14}C 产生率不变，大气 ^{14}C 放射性水平不变；第二，大气 CO_2 与各储存库中含碳物质有充分交换、循环而达到平衡，其 ^{14}C 放射性水平均保持一致，即 ^{14}C 混合率不变；第三，被测的含碳物质未受任何污染。而 ^{14}C 测定目的是确定历史事件或地质事件的日历年代，几十年来，^{14}C 工作者为了提高 ^{14}C 测定的可靠性和精确度，分析并解决了一系列 ^{14}C 测定中有关方面的各种问题。有些问题已经基本解决，有些可以采取相应措施加以校正，有些尚需要继续研究。因此，在使用中必须了解许多有关问题，以便认识 ^{14}C 测定所得结果的确实信息。

1. ^{14}C 放射性半衰期

出于历史原因，^{14}C 年代计算时使用的半衰期值有两种：5568 ± 30 年和 5730 ± 40 年。前者在 1949 年 ^{14}C 方法创建时开始使用，通称惯用值；后者是 20 世纪 60 年代初期经精确测定的 ^{14}C 半衰期值，称物理值。由于后一半衰期值公布时已经积累了成千上万个 ^{14}C 年代数据，需要统一进行更改，当时国际会议决定仍然沿用原有值计算年代。但有的新建实验室却开始运用了新值，使 ^{14}C 年代更接近真值。中国很多实验室就使用了 5730 ± 40 年计算年代。后来，有了树轮年代校正曲线，明确指出 ^{14}C 年代必须通过树轮校正才符合日历真实年代。在使用树轮年代校正曲线校正时国际规定统一使用 5568 ± 30 年的半衰期惯用值计算所得的 ^{14}C 年代，因此，在使用 ^{14}C 年代时需要了解实验室计算所用的半衰期值，并统一到惯用值后进行树轮校正。

2. 现代碳标准

在^{14}C 测定年代原理中，利用大气中^{14}C 放射性水平几万年来基本不变的假定，可以使用目前处于与大气交换循环状态的树轮木质的^{14}C 放射性水平来代表被测物质的原始^{14}C 放射性水平。事实上，大气^{14}C 放射性会有百分之几变化，这一假定只在这样范围内是准确的，自然界中有许多因素会对^{14}C 放射性水平产生影响；而更有甚者，近百年来人类活动的影响，已经大大地改变了大气中^{14}C 放射性水平。首先是工业革命以来，大气中化石燃料产生的 CO_2 增多，使大气^{14}C 放射性水平减低；更加严重的影响是大气核试验已使大气^{14}C 放射性水平成倍增加，^{14}C 测定年代的原始水平再也不能以目前生长的树轮木质为标准了。因此，目前^{14}C 年代计算都采用了统一的标准物质，其^{14}C 放射性水平相当于古代大气的^{14}C 放射性平均水平，称现代碳标准。现代碳标准物质的^{14}C 放射性水平要经过严格的比较测定得出，现在通用的有国际草酸标准、国际新草酸标准和中国糖碳标准等。唯有按统一标准计算得出的^{14}C 年代才可以互相进行比较，否则会因此而存在系统误差。

3. 同位素分馏效应校正——δ^{13}C 校正

碳的三种同位素^{12}C、^{13}C、^{14}C 的化学性质相同，但质量不同，在进行化学反应时活泼程度不同，因此在化学变化前后，物质的同位素组成有所不同，这种现象称为同位素分馏效应。^{14}C 测定在制样过程中有可能因化学变化产生同位素分馏效应，自然界物质本身也存在同位素组成差异。然而，^{14}C 年代计算中现代碳标准的同位素组成是一定的统一量，测定物质的同位素差异就可能引起年代误差。但是，^{14}C 含量极微，不可能直接测定这种差异来进行校正。^{13}C 含量在一般物质中达百分之一左右，δ^{13}C 值则可以用质谱仪测定获得。δ^{14}C 变化值为 δ^{13}C 变化值的两倍，因此可以由 δ^{13}C 值变化得出 δ^{14}C 值的变化，从而得以校正因同位素分馏效应产生的^{14}C 年代误差。对于^{14}C 测定中大量使用的木头或木炭样品相应需要校正的年代一般只有几年或十几年，影响不会很大；但对于骨质、贝壳等样品校正年代可能达到两百年以上，要求精确测定年代的样品，必须进行同位素分馏效应校正。

4. 储存库效应

尽管假定各储存库内部或之间由于交换、循环活动频繁而使其¹⁴C 放射性水平自古以来保持一致，但事实上不同地区、不同环境仍然难以做到短期内混合均匀而存在个别特殊情况。例如，火山活动频繁地区大量释放的化石 CO_2，使该地区大气中¹⁴C 放射性水平相应偏低于全球性总体水平，生长在这一环境中生物的¹⁴C 放射性水平，也会因此偏低。又如石灰岩地区水域中溶有较多的无¹⁴C 放射性重碳酸盐，依此为生的水生物的放射性同样会因此偏低。海洋是¹⁴C 最大的储存库，海水循环周期长，特别是深层海水，容量大，水流慢，影响到各海岸海水及生活在其中的水生物的¹⁴C放射性水平，使其会有不同程度的偏低。因此，在采集上述各种不同条件下形成的样品进行年代测定时，获得的¹⁴C 年代需要按其原始¹⁴C 放射性水平与标准的差异进行年代校正，大致的校正范围经过多年来仔细测定，有的已经有据可查。

5. 树轮年代校正

即使充分考虑了上述各种因素，测定获得的年代，仍然不能代表测定物质的日历年代。因为上述假定几万年来大气 CO_2的¹⁴C 放射性水平保持不变，事实上并不完全。由于受宇宙射线、太阳黑子活动、地球磁场等变化的影响，大气中¹⁴C 放射性产生率并非恒定不变，因此，按统一标准计算获得的¹⁴C 年代，需要经过校正才能与日历年代相符。树木每年生长一轮木质，可以通过清数年轮来确定年轮生长的确切年代，与日历年代相应，而树轮木质又可以通过¹⁴C 测定来确定它的¹⁴C 年代；以树轮年代为横坐标，以¹⁴C 年代为纵坐标作一曲线，通过这一曲线即可将¹⁴C 年代校正到它相应的日历年代。这一曲线被称为¹⁴C 年代—树轮年代校正曲线，从 20 世纪 60 年代开始，人们积累了大量数据、资料。1986 年公布了一组国际通用的高精度树轮校正曲线，以后继续不断发展研究，1998 年又重新发表了新的、唯一的国际通用高精度树轮校正曲线。目前，校正年代已延伸至万年以上，应用其他方法，还可以延长校正年代至两万年前，而高精度树轮校正曲线的建立为¹⁴C 测年进一步提高年代精度提供了基础。

三 实验技术的发展和完善

^{14}C 测定有两种实验技术，一种是利用探测^{14}C 原子衰变时放射的 β 粒子，通称常规^{14}C 方法，已沿用了 50 余年；另一种是 20 世纪 70 年代末到 80 年代初发展起来的、以清数残留^{14}C 原子数目为基础的加速器质谱测定技术，简称 AMS ^{14}C 法。

^{14}C 在碳元素中所占分量极微，^{12}C、^{13}C、^{14}C 三种同位素含量之比约为 98.892:1.108:1.2×10^{-10}。^{14}C 放射的 β 粒子，能量极低，在 20 世纪 40 年代末要完成如此低水平、低能量的放射性测定是相当困难的，更无法述及清数^{14}C 原子的实验技术。为此，首先需要将被测样品碳制备成 β 探测器的一部分；同时要求将干扰因素降至最少，即测量本底最小；还要经过长时间的稳定测量，减少放射性衰变本身涨落造成的统计性的年代误差。

最早，利比（Libby）在 1949 年采用的是将样品碳制备成固体碳的盖革计数管方法，测定精度达到 3%—5% 范围，使年代误差相应有几百年。1953 年以后改进为将样品碳制备成气体 CO_2 或 C_2H_2、CH_4 等的正比计数管方法，测定精度改进到 1% 以内，最好可以达到 0.5%。20 世纪 50 年代末还发展了将样品碳制备成液体苯（C_6H_6）的液体闪烁计数方法，20 世纪 60 年代以后测定精度同样达到了 1% 以内的水平，并得到了广泛应用。精度的提高使许多有关^{14}C 基本原理中存在的问题逐步发现并得到解决，^{14}C 测年技术的精确度和可靠性进一步增强。目前，常规法测定技术几乎发展到了极限，放射性测定精度世界最高水平已经可以达到 1.5‰—2.5‰，相应年代误差为 12—20 年，最高可测年限约为 4 万—5 万年。如果样品量不受限制，使用同位素富集技术将样品中^{14}C 同位素加以富集，最高年限可达 7 万多年。

加速器质谱测定技术是在核物理探测技术高度发展的基础上建立起来的。常规^{14}C 测定方法受样品量限制的情况是难以克服的困难。长期以来，人们考虑如果能够直接清数样品中^{14}C 原子数，这比等待记录^{14}C 原子衰变要灵敏得多。^{14}C 原子平均寿命是 8000 多年，假定样品碳中有 8000 个^{14}C 原子，人们大约要等一年才能记录到一次^{14}C 原子衰变。如果能把^{14}C 原子从样品中挑选出来清数，那么探测灵敏度就可大大提高了。这就是利用加速器质谱技术清数 ^{14}C 原子的原子计数法。将年代样品同相应的每克碳中 ^{14}C 原子数及其衰变率列表（见表 1—1）。

表 1—1　　　　不同年代样品每克碳中 ^{14}C 原子数及其每分钟衰变数

样品年代	^{14}C/^{12}C	^{14}C 原子数	^{14}C 衰变数
现代	1.18×10^{-12}	5.9×10^{10}	13.6
10000 年	3.60×10^{-13}	1.8×10^{10}	4.06
20000 年	1.05×10^{-13}	5.2×10^{9}	1.21
40000 年	9.34×10^{-15}	4.7×10^{8}	0.108
60000 年	8.31×10^{-16}	4.2×10^{7}	0.010
80000 年	7.39×10^{-17}	3.7×10^{6}	0.0009

加速器质谱 ^{14}C 原子计数技术，简称加速器质谱 ^{14}C 法或 AMS^{14}C 法，就是将 ^{14}C 样品经化学制备后引入到加速器离子源，经电离后加速到高能，再应用近代核物理实验中发展起来的电荷剥离技术、射程过滤技术以及 ΔE—E 探测技术等粒子分离鉴别技术，把 ^{14}C 离子挑选出来实现对单个 ^{14}C 原子进行计数。它的实质就是将加速器同质谱仪联合改进而成的超高灵敏质谱仪。它比普通最灵敏质谱仪的灵敏度要高至少 5 个数量级。普通质谱仪由于离子能量低，因此无法采用上述核探测技术和分离技术。高能重离子探测技术如 ΔE—E 粒子鉴别探测器能测定每种离子总能量和电离能量损失率，能够在具有相同动能和质量十分相近的粒子中把不同原子序数离子区分出来。由此解决了普通质谱仪长期未能解决的问题。

1977 年，缪勒（Muller）首先建议使用回旋加速器来加速和直接记录同位素原子，并在美国加州大学贝克莱实验室的 223.52 厘米回旋加速器上做了第一次成功的试验。同时纳尔逊（Nelson）等、本尼特（Bennett）等分别用串列静电加速器成功地测出了样品 ^{14}C 原子数，开创了最早使用加速器质谱法测定 ^{14}C 获得成功的实例。1978 年 4 月在美国罗彻斯特大学召开的"应用加速器进行 ^{14}C 年代测定的学术讨论会"上宣布了这一发展的重要前景。之后，各国相继筹建专用加速器质谱进行研究。到 1984 年在瑞士苏黎士召开的"第三次国际加速器质谱技术专业会议"时，这一方法的精度已达到常规法的一般水平，并开始了正常的年代测定工作，而且进一步的研究提高仍在不断进行。它使用的样品量仅及常规法的千分之一；测定时间缩短，测定一个样品一般不超过一小时；测定精度还有希望进一步提高；测定年限可更加扩大；等等，这些特点必将给考古学和地质学等学科带来新的信息，展现新的图景。

中国北京大学重离子物理研究所的串列静电加速器质谱计，是在国家自然科学基金"七五"重大项目的支持下建造的，于 1993 年 5 月投入使用。这是当时中国唯一可进行 ^{14}C 样品批量测量的 AMS 装置。1996 年在"夏商周断代工程"的重点支持下，进行了全面的技术改造，在改造过程中为"夏商周断代工程"测定了一批 ^{14}C 年代数据。最后再经改造测试表明，其主要技术指标现已达到国际先进水平。

无论采用任何一种 ^{14}C 测定方法，实践中都要经过以下几个步骤：样品采集；样品前处理；样品制备；稳定测量 ^{14}C 放射性或 ^{14}C 粒子数和数据处理——包括年代计算、年代误差计算、年代校正等等。详见《中国 ^{14}C 年代学研究》的有关章节[1]。

四　过去 ^{14}C 测年对中国新石器时代考古年代学的贡献

自 1965 年中国科学院考古研究所（后属中国社会科学院）建成中国第一个 ^{14}C 实验室以来，现已有数十个 ^{14}C 实验室，做出的年代数据数以万计。这些数据的应用为中国考古学和地学方面的研究做出了重要贡献。

新中国成立以来的考古工作有了飞速发展。据统计，解放前发现的有关遗址不过二三百处，而解放后仅新石器时代遗址的发现就已有六七千处。大规模的调查发掘遍及全国，文化类型的分析及其相互关系的研究日益深入，配合中国社会科学院考古研究所做的 ^{14}C 年代数据达数千个，主要由中国社会科学院考古研究所、北京大学、中国文物研究所等实验室完成，其中中国社会科学院考古研究所实验室的数据约占一半。1965—1991

---

[1]　仇士华主编：《中国 ^{14}C 年代学研究》，科学出版社 1990 年版。

年期间测定的考古 ^{14}C 数据,已由中国社会科学院编撰成《中国考古学中碳十四年代数据集(1965—1991)》。[1]

配合田野考古所做的 ^{14}C 年代数据,以中原地区的工作点最为密集。黄河上游甘、青地区,黄河下游山东地区,长江中游、汉水流域、太湖平原和杭州湾地区也做了很多 ^{14}C 数据。经综合研究已建立了各个地区的考古年代学框架。内蒙古及东北地区、华南地区、新疆、四川等地区,也正在研究建立各类文化的序列表。考古是时间的科学,^{14}C 测年的开展真正使中国新石器时代的考古年代学建立在可靠的基础上,为考古学研究按照时间尺度进行纵向、横向的文化比较创造了有利条件。对广西桂林甑皮岩的考察和石灰岩地区 ^{14}C 年代的可靠性研究,则为中南地区的史前考古提出了新的线索和思路。

龙山文化建筑基址普遍发现用白灰面铺地,粉刷墙壁,经分析其主要成分是碳酸钙。它们是否是经过烧制的石灰?一直没有一致的认识。经过一系列白灰面样品和木炭样品的 ^{14}C 测定比较之后,证实了白灰面中含有 ^{14}C。石灰石经过烧制,放出 CO_2 变成氧化钙,即形成生石灰。使用时用水泡制形成氢氧化钙,使用后不断吸收当时大气中的 CO_2,因而成为标志古代建筑基址年代的很好的 ^{14}C 测年样品。从而对龙山文化遗址中出现的白灰面是人工烧制过的石灰,给予了科学的印证,同时也解决了建筑史上的一个疑难问题。

从汉代至宋元时期的铁质样品中提出碳进行 ^{14}C 测定,并加以分析研究,确认河南巩县汉代铁生沟遗址冶铁没有用煤。宋代以来才开始用煤炭冶铁,解决了冶金史上一个有争议的问题。

在研究骨质样品的前处理和化学制备方法以保证测出可靠的 ^{14}C 年代数据时,要对骨胶原做 ^{13}C 的同位素质谱测定,用以校正骨样的 ^{14}C 年代,因而同时对古代人类的食谱和动物的摄食习性做了研究。经过对陕西西安半坡、宝鸡北首岭、武功浒西庄、山西襄汾陶寺、山东莒县陵阳河等遗址的人骨进行 ^{13}C 测定分析,发现这些古代人类的食谱中有大量

---

[1] 中国社会科学院考古研究所:《中国考古学中碳十四年代数据集(1965—1991)》,文物出版社 1992 年版。

的 C_4 植物成分。由此推测属于 C_4 组的小米是我国北方古人类的主食。陶寺遗址猪骨的 ^{13}C 值则反映了 C_4 植物量较多，这可能与人工喂食小米或谷糠有关。这项研究为中国开展古代人类动物食谱的研究奠定了技术方法基础。

在大量 ^{14}C 测年工作和研究的基础上，我们全面总结技术方面的最新成果和发展动态，以及研究应用中取得的成就和存在问题，并不断探讨解决方法，提出今后发展的方向。为与国际接轨，我们受国家委托主持建立了作为测年现代碳标准用的中国糖碳标准。经过国际对比，证明 ^{14}C 放射性标定是高精度的，作为标准物质是非常优越的，现被国内绝大多数 ^{14}C 实验室采用。针对单个 ^{14}C 年代经过树轮年代校正以后，年代误差较大的问题，我们利用高精度树轮校正曲线的特性，采用按文化分期和层位连续的系列样品的 ^{14}C 年代数据与树轮校正曲线作匹配拟合的方法，使校正后考古样品的日历年代误差大为缩小，并开始付诸实践。

五　高精度 ^{14}C 测定和系列样品处理年代数据新方法

利用考古系列样品的 ^{14}C 测年方法，就是把田野考古的层位和文化分期的相对年代序列转换为精度较高的绝对年代序列，从而定出考古事件的日历年代，使误差缩小。目前，考古界已众所周知，由于过去大气中 ^{14}C 放射性水平有起伏变化，因此，根据统一的现代碳标准和测出的考古样品的残留 ^{14}C 放射性水平计算出的样品的 ^{14}C 年代不是日历年代，要经过 ^{14}C 年代—树轮年代校正曲线作年代校正，才能转换到日历年代。让我们从 ^{14}C 年代转换到日历年代谈起。

1. 单个 ^{14}C 年代数据的转换

可以从 ^{14}C 年代—树轮年代的对照曲线上找到实测 ^{14}C 年代相应的树轮年代，根据 ^{14}C 年代的误差找出相应的树轮年代范围，这就完成了由 ^{14}C 年代转换到日历年代。但是，树轮校正曲线是非线性的，一个 ^{14}C 年代相对应的往往并不是单一的树轮年代值。如果 ^{14}C 年代数据是 BP 1723 ± 14 年，转换到树轮年代就成为公元 257—378 年。结果，原来误差很小的 ^{14}C 年代数据，对应的树轮年代范围却相当大，所以单个 ^{14}C 年代数据往往还是不能准确断代。

2. 树轮系列样品^{14}C 年代数据的曲线拟合方法

对于木头样品,如有数十年以上的年轮,可以清数其年轮,同建立树轮校正曲线时一样,每 10—20 轮取一样,连续取若干个样,测出其^{14}C 年代数据,经过与高精度树轮校正曲线匹配拟合,可以把木头的生长年代定准到误差不超过 10 年。具体做法是:先将连续的树轮^{14}C 年代数据,如同树轮校正曲线一样,绘成一小段相对固定的数据曲线。它们的纵坐标是与高精度树轮校正曲线的^{14}C 坐标一致的,将此曲线左右滑动平移,同高精度树轮校正曲线匹配拟合,利用目测即可定出最佳位置,也可用数理统计的最小二乘方法加以检验,并算出拟合后的样品树轮年代误差。这样就可以得到该样品树轮的生长年代,再外推到木头最外一轮的年代,即是该树木被砍伐的年代。如果木头样品与某个考古事件相关联,就可以推断出该事件发生的考古年代。据文献报道,日本奈良古坟时期一土墩墓中的一根木头,外皮保持完好,将其树轮连续取样测定^{14}C 年代,同高精度树轮校正曲线匹配拟合,确定出木头的砍伐年代是公元 320 ± 5 年。这同古坟时期是相合的。如果木头砍伐的年代同该坟的建造年代一致,则该坟的年代就十分确定了。

3. 层位连续的系列样品^{14}C 年代数据的曲线拟合方法

对于田野发掘的考古层位明确的系列样品,在时间间隔方面,虽不如树木年轮那样规整,但在时代上的早晚次序是明确的,也同样可以利用同高精度树轮校正曲线相匹配拟合的办法。在这种情况下,通过匹配拟合,把^{14}C 年代转换为日历年代的原则是:

①数据点应尽量靠近和符合高精度树轮校正曲线。

②转换后应在年代上符合层位序列关系,并照顾到层位的时间跨度。

数据点越密集,则匹配拟合的可靠性越高,相应的断代精度也越高。联系到考古文化内涵,对照系列样品的年代研究并判断考古事件发生的年代,其可靠性和年代精度无疑都大大地提高了。

六 "夏商周断代工程"中的^{14}C 测年方法论证

中国夏商周考古学有深厚的基础,可以提供时序连续的系列样品。对于量大的样品可用常规方法测定，简易可行，且精度较高。对于量小的样品可以使用加速器质谱方法测定。中国的 ¹⁴C 测定技术在设备上尚欠完善，只要在设备上加以补充和技术改造，就可以做高精度测定。

第一，陕西长安张家坡的西周大墓、北京琉璃河的西周大墓等都出土大量的相当完好的椁木。清数这些木头的年轮，作为树轮系列的样品，测定其 ¹⁴C 年代，再同高精度树轮校正曲线匹配拟合，就可以得出该树木被砍伐的年代，用以讨论墓主人的年代。

为了技术上可行，我们曾对国家地震局地质所刘若新研究员提供的炭化木做了一系列样品测定。这棵树在长白山天池火山最近一次大喷发时被埋在火山浮石碎屑之中，考察时采回了一段截面完整的炭化木。每20 轮取一个样，连续取 10 个样，使用常规方法测定，将测定结果同高精度树轮校正曲线拟合得出，这次火山喷发的年代为公元 1215 ± 15 年。刘若新认为这可以同格陵兰 G1SP2 冰芯中的公元 1227 或公元 1229 事件相对应，同时可以同中国历史上的气候变化相对应。这次试测说明方法是可行的。

第二，夏商周的主要遗址，如河南偃师二里头遗址、偃师尸乡沟商城遗址、郑州商城遗址、安阳殷墟遗址、陕西长安丰镐遗址、北京琉璃河遗址、山西曲沃北赵村晋侯墓地等许多遗址都出土许多样品，可以组成层位系列样品。例如，武王克商的年代问题，¹⁴C 测定并不能直接得出需要的年代，而考古方面也不能直接提供武王的 ¹⁴C 样品。考古方面实际提供的样品是从先周开始到西周，先后分为若干期。将这些有先后次序的样品测出 ¹⁴C 年代后，对照高精度树轮校正曲线作匹配拟合研究。然后根据武王克商时代应属哪一期，比谁早，不比谁晚等，才能推定和估计具体年代。分期越细，数据越多，年代的误差就越小。最后同历史观点和天文历法推定的结果作比较研究。

我们曾对二里头遗址一至四期的 16 个 ¹⁴C 年代数据做了曲线拟合试验。可以看出 ¹⁴C 年代有时同层位关系是颠倒的，但这并非测定的过错，也不仅是因为测定误差大引起了颠倒，而是因为过去大气 ¹⁴C 浓度变化反映为树轮年代校正曲线的非线性引起的实际存在的颠倒关系。所以，在将 ¹⁴C 年代转换到日历年代时，这种颠倒的数据自然在年代上就顺了过来。

这类问题同样可以用贝叶斯公式作数理统计处理和表述。这正是断代工程的重要任务之一。

第三，殷墟和西周遗址出土很多带字甲骨，不少卜骨与王有明确关系。利用卜骨组成系列样品，使用加速器质谱法测定，因为取样量极少，基本上不会损坏卜骨的完整性。这种方法作曲线拟合的结果，在逻辑上有希望得出有关王的大致的日历年代。

通过以上方法得出的年代数据，在同考古学家反复研究后，要再同历史文献、古文字、天文历法等学科作综合交叉研究。显然，^{14}C 测定是根据考古发掘出土的含碳样品独立进行的，不依赖古文献的记载。^{14}C 测定的结果可能筛选掉许多根据不足的说法。这种多学科综合交叉研究的方法，难度虽然很大，但其所得结果大大增强了科学性。相信经过各方面的努力，肯定能有新的成果，将夏商周年代学推进到前所未有的水平。

第二章 为提高精度所做的技术改进研究

常规^{14}C 测年技术在中国已经使用了 30 多年，比较成熟。① 但夏商周断代需要使用系列样品方法和高精度测定，使得我国原有的测试设备和制样方法都需要改进和进一步研究检验。

一 ^{14}C 样品的选择

过去都说木头、木炭是最好的测试样品，但在夏商周断代中则不尽然。因为树木生长过程时间长，砍伐后不一定立即使用等因素，这种样品的^{14}C 年代往往偏老，势必会增加年代误差，甚至不能使用，所以在采集样品时对于这种样品的代表性要求极为严格。"夏商周断代工程"中应用最多的是文化分期清楚的墓葬人骨，遗址中的粮食如小米也很好，它们的年代代表性最符合要求。另外，采集遗址中的木头做树轮系列样品测定时，一定要木头比较完整，可以推出靠近树皮的最外层，因为靠近树皮的树轮生长年代就是被砍伐的年代。

二 样品的前处理及化学制备研究

1. 木质、炭质样品的前处理方法

过去木头和木炭样品使用最多，前处理方法也多有研究，挑净后曾用酸碱酸换煮的方法，其效果都是一样的。我们经过研究探讨，仍用传统的酸碱酸（AAA）方法。

---

① 详见仇士华主编《中国^{14}C 年代学研究》，科学出版社 1990 年版。

2. 树轮样品的准备

①将保存较好的树干样品截锯成 10 厘米左右木段，并将树干显示树轮截面部分刨光，利用计算机扫描、照相放大，初步清数截面上的树轮数目。

②清数年轮的工作，由专门从事树轮研究的专家、中国科学院地理研究所树轮实验室邵雪梅博士承担。经过表面磨平刨光，寻找出特征树轮，进行清数和反复核对，每 10 轮或 5 轮做出标记，作为标志树轮截面，照相并保存。

③对照标出年轮顺序的标准树轮段，在原有的树轮放大照片上做出标记，同时在所有需要劈出树轮样品的树轮木段截面上作相应标记，每隔 10 轮从正面到反面勾划出相应轮标记。

④从外向内，按标记轮下刀，劈出所需树轮，每 10 轮一组，顺次编号为 A、B、C、D、E、F……，每组劈轮误差保证在 0.5—1 轮，按树轮清晰度不同而异，并反复核实正反面轮数一致。

⑤将不同木段上所有相同编号的木质混合成一组，如所有 A 组的树轮都是从最外轮向内清数 10 轮的木质，属于同一时期生长，该组合编为一个实验室编号，如 ZK—5701。

⑥将所得树轮木质劈成短细条，混合均匀待用。

3. 提取骨质样品中明胶成分

骨质样品的处理是个很复杂的问题。"夏商周断代工程"设有专题，按常规 ^{14}C 法和 AMS ^{14}C 法分别研究。保存不好、腐蚀严重的骨质样品骨胶原保存很少，污染严重，要做出可靠的年代，确实是个难题。但根据我们常规 ^{14}C 实验室长期测定骨样品的经验，认为保存较好的骨质样品，保存的骨胶原较多，用于测定还是很可靠的。幸好"夏商周断代工程"收集的墓葬人骨及兽骨样品都可以挑出保存较好的骨头。过去提取骨胶原烘干备用，这次为更有保证起见，将骨胶原制备成明胶。明胶成分净度好，如果量大，更能说明保存较好，不易受污染。提取方法流程为：

①选择骨质致密的小块骨样（或砸成小块）200—500 克，用稀盐酸（1N）浸泡，并经常搅动翻看，每星期新换一次稀盐酸液（1N），经置换 2—3 次后，再重新更换 0.5N 浸泡，一直到骨质变软。

这一步骤目的是溶解大部分骨样的无机成分，如碳酸钙、磷酸钙等。掌握的要点是保持一定的酸浓度，使之不断溶解，但又不可使酸的浓度太高，溶化了骨样中有机成分，损失产量。因此，溶解过程不能操之过急。如此反复，往往要历时几个星期。实验过程一定要十分谨慎，因为骨样中含有的有机碳量，原本属少数，而且容易在埋葬过程中因污染或侵蚀而受损。

②从溶液中分离出已经泡软的骨块，再经过碱液浸泡，除去可能的腐殖酸污染，随后除去残留杂质，再酸化去除碱液吸收的 CO_2。然后反复用蒸馏水将软化骨块清洗干净。

骨质表面往往多孔，难免在埋葬或保存过程中沾染许多杂质，初步清洗过程很难消除干净，即使使用了超声波清洗，都难以保证。因此，每一步溶解后，都可能有杂质出现，需要清除。

③骨样置于 PH 值调整为 3 的盐酸水溶液中，容器放入维持在 90℃左右的烤箱内过夜，直到明胶全部形成。

④将形成明胶的溶液，用较大的离心机操作，去除杂质。明胶颗粒极小，离心机运转时悬浮，而杂质因此分离出来。

⑤最后，将明胶溶液倒入有聚四氟乙烯薄膜铺垫的不锈钢容器内，放入烤箱内烘干，温度维持在 120℃左右。完全干燥后取出待用。

4. 样品制备过程中严防大气 CO_2 污染

中国社会科学院考古研究所¹⁴C 实验室制样的方法是"镁法"，步骤为：

①氨水吸收 CO_2。

$$2NH_3 \cdot H_2O + CO_2 \rightarrow (NH_4)_2CO_3 + H_2O$$

②沉淀 $SrCO_3$。

$$(NH_4)_2CO_3 + SrCl_2 \rightarrow SrCO_3 + 2NH_4Cl$$

③ 合成 SrC_2。

$2SrCO_3 + 5Mg \rightarrow SrC_2 + 5MgO + SrO$

④ 制乙炔。

$SrC_2 + 2H_2O \rightarrow C_2H_2 + Sr(OH)_2$

⑤合成苯。

$3C_2H_2 \rightarrow C_6H_6$

上述过程中使用的氨水，我们在使用前先加入少量 $SrCl_2$，清除可能吸收的微量大气 CO_2。吸收样品 CO_2 是在密封系统中进行。沉淀 $SrCO_3$，过滤时先将溶液尽量洗至呈中性，并尽可能在密封系统中完成，以免吸收大气 CO_2。经过实践检验并同"钙法"制样比较，没有发现有可以观察出的差别（误差 $\leqslant 2‰$）。北京大学常规 ^{14}C 实验室采用"钙法"合成。

三　样品的放射性测量研究

^{14}C 放射性的 β 射线能量是 0—156 KeV（见图 2—1）的一个能谱，中间多，两边少，峰值在 50 KeV 左右。要测量 β 粒子绝对值是非常困难的。通常是采取在条件状态保持一致的情况下做相对测量，即测出样品与标准的放射性比值，这是比较容易做到的。要做到高精度测量，当然就从这方面进行研究改进。我们采用的是将样品合成苯的液闪测量方法（详见《中国 ^{14}C 年代学研究》）。这次作了如下改进和研究：

1. 设备更新

过去使用的测量仪器不够先进，按高精度测量，相应要求液闪测量仪的本底极低，稳定度极高。中国社会科学院考古研究所 ^{14}C 实验室在"夏商周断代工程"开始前，早已请中国科学院生物物理研究所研究员蒋汉英专门研制了符合要求的液闪测量仪，备有恒温装置，名为 DYS—92 型低本底液体闪烁仪。该仪器的稳定性检测及本底值见附表 2—4，其性能属于世界先进水平。在"夏商周断代工程"测定中发挥了极其重要的作用。

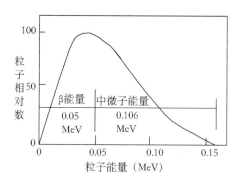

图 2—1 β 能谱图

"夏商周断代工程"启动后，中国社会科学院考古研究所和北京大学 ¹⁴C 常规实验室一起订购了美国新产品 Packard Tri – Carb 2770 型液闪仪。1997 年 8 月到货，马上开始验收和测试，发现标称最低本底的稳定性特别差，更换一台后依然达不到要求。若采用通常的测试挡，虽本底略高，但还算稳定，可用于测量。

2. 自制样品测量瓶

高精度测量对样品瓶的要求很高，如①每个样品瓶必须各方面都相同，它们的本底和效率才能一致；②苯是最好的溶剂之一，因此样品瓶不能用任何可能溶解或吸收苯的材料；③样品瓶必须保证能密封，才能长时间测量。我们原本计划从国外订购，随美国仪器一起到位，不料制作样品瓶的厂家停产而落空。这样迫使我们研究自制适用的样品瓶，因此增加了很大的工作量。首先要寻找合适的密封圈，设计瓶盖密封方式；要加工石英瓶和它的金属瓶盖，分别寻找加工工厂。然后由实验室自己组装，检验测试。最终研制成功，指标完全符合使用要求。总共组装了几百个合格的样品瓶，保证了测试工作的顺利完成。

3. 本底问题的研究

长时间测量表明，糖碳标准、本底样品和测试样品的计数都是稳定的。但是，中国社会科学院考古研究所 ¹⁴C 实验室自制本底苯的测量值始终偏高，而且图谱中发现有^{14}C谱峰。为了研究它的来源，我们对所有制样步骤和设施都进行了重复检验，包括：

①条件测试有：真空系统检漏；使用器皿做空白试验；氨水等化学试剂的纯净度；等等。

②检验本底样品的来源。

③检验在制备过程中是否因为与大气接触而引入误差，改用北京大学常规^{14}C实验室采用的钙合成法测试。

④送国外实验室对比测试。

以上所有检验的试验结果，都没有发现同一来源的本底样出现明显差异。因国外实验室曾有过本底煤中存在细菌的报道，我们认为是比较合理的解释。

本底中约有^{14}C计数最高达0.8次/分，不同来源无烟煤或焦炭偏高值不同，属污染造成，因此计算年代时采用了优质纯市售苯的测量值。但是仍不排除制样操作中受少量大气CO_2污染，但不会超过2‰，故而对部分年代数据作了＋16年（2‰）本底校正。但是，由于人体进入老年后，骨骼生长几乎停止，测定年代有偏老记录，因此对人骨样品测定年代不作＋16年校正，而兽骨作＋16年的校正。

虽然本底偏高原因目前仍无法得到十分满意的答案，但历经了数年的长期连续的测量表明，糖碳标准、本底和样品的计数都是稳定的，国内外实验室测试对比结果，也都倾向一致。因此，即使存在2‰左右的制样误差或其他误差，相对于样品计数已达4‰的误差，可以忽略不计。

北京大学常规^{14}C实验室未曾发现用煤合成苯样的本底偏高现象，测定数据不作本底偏高校正。

4. 淬灭效应校正

^{14}C测量中要求标准和样品的测量条件应严格保证完全一致。但在配制液闪溶液的过程中，样品苯难免与大气有短时间的接触，吸收了微量的水汽和氧，这会使样品的测试效率受到影响，一般使效率下降约在1%以

内，称为淬灭现象。现在的测量仪器在测试中会展现出样品的 β 能谱图，如有淬灭发生，展现的能谱会发生偏移。根据偏移情况作出适当校正，因此使每个样品和标准的测量值有严格的可比性。这对于可靠的高精度测量非常重要。

5. δ^{13}C 校正

前已述及每个样品的 ^{14}C 测定值或 ^{14}C 年代，都要做 δ^{13}C 的校正。δ^{13}C 值变化 1‰，约相当于年代变化 16 年。人骨样品的 δ^{13}C 值，由于古人食谱的不同变化，最大可达 15‰，最大修正年代的范围达 250 年。所以"夏商周断代工程"用的每个样品都制备了 CO_2 样品，外送做常规质谱的 δ^{13}C 测定。δ^{13}C 值的测试精度一般都可以保证达到 0.1‰。

6. 严格规范测量

DYS—92 型测量仪每次可放进 10 个样品瓶。其中 1 个糖碳标准，1 个市售苯本底瓶，其他 8 个为待测样品瓶。10 个瓶轮换测量，每次测 50 分钟，每 10 分钟自动计数一次。每个瓶至少测 2000 分钟，多到 4000 分钟以上。测完后检验数据的统计分布是否合理，例如，表 2—1 是糖碳的测量数据；表 2—2 是本底的测量数据；表 2—3 是样品的测量数据；表 2—4 是仪器稳定性的监测；表 2—5 是糖碳和无烟煤合成苯的计数；表 2—6 是糖碳稳定性的监测。①

Packard Tri – Carb 2770 型液闪仪使用一般测量挡时也是稳定的，也可以作淬灭校正。它每批放进的样品几乎不受限制，可以按需要放进，然后轮换测量。但仪器所配带的样品瓶则不适用于我们的测量要求。委托厂家另外订购的样品瓶，由北京大学常规 ^{14}C 实验室研究使用，其结果也能符合要求。

---

① 5 次测量每克糖碳计数率平均值的泊松误差为 0.053，小于 0.4%，表明测量半年内是稳定的。

表 2—1　　　　　　　　　　　**糖碳的测量数据**

测量日期：1999. 6. 7—1999. 6. 15

温度：19 度

文件名：X18

样品名：CSC51

<2>道计数（2，480）：

914	889	840	886	873	855	867	900
917	904	845	926	873	864	872	913
860	800	897	875	886	893	847	935
948	869	855	918	912	852	838	884
931	821	887	858	922	901	867	879
865	849	881	859	882	856	850	870
852	893	894	809	862	864	894	881
862	861	876	913	910	895	867	837
840	854	850	825	906	833	930	918
916	907	910	842	873	909	917	906
859	951	839	867	829	872	880	911
898	875	854	830	841	867	849	854
892	888	838	888	864	880	867	872
856	886	899	879	904	913	840	880
829	865	862	898	915	861	909	915
868	876	940	840	921	877	895	873
850	896	900	927	887	851	898	903
883	862	918	867	883	872	886	935
942	852	891	862	934	882	886	871
925	897	921	846	837	813	851	883
852	912	924	874	842	844	900	884
907	842	886	902	875	858	835	929
863	862	805	834	880	868	872	825
879	903	903	923	869	902	861	905
865	857	835	906	891	859	894	817
866	864	879	868	885	871	882	851
879	903	870	847	847	918	899	847
901	846	865	865	904	851	881	927
932	863	851	870	856	907		

总计数 = 201910　计数率（误差）= 87. 79（0. 20）　时间 = 2300 分

s 1 = 29. 63　s 2 = 29. 3

表 2—2　　　　　　　　　　　**本底的测量数据**

测量日期：1999.6.7—1999.6.15

温度：19 度

文件名：X18

样品名：BG827

<2 >道计数(2，480)：

15	10	11	13	15	12	12	9
14	13	9	13	8	14	9	13
17	8	16	15	7	12	9	10
11	9	10	12	8	17	15	13
16	11	14	4	11	8	10	13
13	13	17	16	12	14	15	9
12	12	13	12	9	10	10	7
15	13	13	13	− 26	14	16	10
9	12	12	11	13	18	10	12
14	11	13	16	13	10	16	18
15	13	12	17	10	17	7	12
10	13	10	14	11	12	14	12
9	10	9	7	4	14	15	17
6	11	8	14	10	11	16	8
13	10	8	10	13	11	13	10
8	12	6	12	6	12	11	9
7	15	10	9	14	13	16	11
7	9	14	11	13	14	13	14
7	11	11	11	9	11	16	10
16	12	11	11	11	10	15	19
11	13	15	15	12	15	19	10
12	11	3	11	11	8	11	13
12	9	12	16	16	21	14	9
10	12	14	14	13	16	12	9
13	8	9	10	7	10	9	17
12	14	11	22	15	13	17	10
10	9	17	20	13	10	7	15
15	14	11	9	15	10	11	12
9	16	16	11				

总计数 = 2721　计数率（误差）= 1.20(0.02)　时间 = 2270 分

s 1 = 3.46　s 2 = 2.76

表 2—3　　　　　　　　　**样品的测量数据**

测量日期：1999. 6. 7—1999. 6. 15

温度：19 度

文件名：X18

样品名：ZK5242A

<2>道计数（2，480）：

410	420	416	400	412	407	397	437
427	467	406	411	449	424	384	402
423	437	435	409	438	433	415	453
464	443	397	440	442	442	435	397
442	429	429	395	448	441	433	435
421	459	447	433	413	455	441	423
432	432	430	410	390	421	446	426
399	427	461	426	428	440	464	395
410	427	417	412	412	450	424	431
475	423	422	421	411	447	405	387
441	441	429	− 363	424	419	418	462
411	442	490	392	414	434	448	434
423	432	428	378	421	431	431	421
405	468	469	413	437	418	452	422
412	476	436	472	413	431	460	450
425	437	428	416	439	437	447	440
454	416	439	374	454	473	457	429
448	457	425	463	447	459	431	437
445	438	416	429	423	441	460	456
432	432	416	424	443	485	410	418
407	423	461	461	444	454	− 517	444
434	397	432	463	413	461	423	412
409	430	431	412	463	443	461	435
405	408	409	418	444	442	424	433
441	421	431	432	394	467	448	454
398	414	395	418	462	439	420	457
424	434	419	417	427	391	442	438
432	454	400	451				

总计数 = 93961　计数率（误差）= 43. 10（0. 14）　　时间 = 2180 分

s 1 = 20. 76　　s 2 = 20. 53

表 2—4   仪器稳定性的监测

测量日期	¹⁴C 强源的计数率(CPM)	本底(CPM)
1998.01.26—1998.02.19	38424 ± 13	1.26 ± 0.03
1998.03.15—1998.04.12	38478 ± 13	1.30 ± 0.02
1998.04.19—1998.05.01	38303 ± 11	1.22 ± 0.02
1998.06.11—1998.07.07	38387 ± 8	1.25 ± 0.02
1998.07.07—1998.08.03	38370 ± 7	1.29 ± 0.02
1998.08.13—1998.09.04	38410 ± 8	1.15 ± 0.02
1998.11.12—1998.12.09	38402 ± 11	1.22 ± 0.03
1998.12.11—1999.01.20	38374 ± 8	1.20 ± 0.03
1999.01.22—2002.02	38441 ± 8	1.21 ± 0.03
1999.02.24—2003.02	38333 ± 13	1.25 ± 0.03

注：强源本身测量统计误差小于0.04%，10次测量平均值为38392，统计误差为±51，表明半年内由于仪器的不稳定性产生的误差小于0.2%。

表 2—5   糖碳和无烟煤合成苯的计数

糖碳	CPM/g	无烟煤	重量(g)	CPM
CSC – 31	13.910 ± 0.032	BBM – A	7.2324	2.02 ± 0.03
CSC – 32	13.954 ± 0.033	BBM – B	7.3388	2.07 ± 0.03
CSC – 33	13.973 ± 0.028	BG – 41	7.3450	2.00 ± 0.06

注：三个糖碳的平均值为13.946，统计误差小于0.2%。本底的变化也在统计误差范围内，表明化学合成基本稳定。

表 2—6   糖碳稳定性的监测

测量日期	糖碳编号	糖碳 CPM/g	糖碳道比值
1998.03.15 – 1998.04.12	CSC – 32	13.792 ± 0.030	0.659
1998.04.19 – 1998.05.10	CSC – 32	13.866 ± 0.031	0.656
1998.06.11 – 1998.07.07	CSC – 32	13.741 ± 0.031	0.646
1998.07.07 – 1998.08.03	CSC – 32	13.752 ± 0.030	0.643
1998.08.13 – 1998.09.04	CSC – 32	13.741 ± 0.031	0.652

注：1. 有关测量工作详细内容可参见内部资料(蒋汉英：《夏商周断代工程中高精度常规¹⁴C 年代测量》)。

2. 中国科学院生物物理研究所研究员蒋汉英负责生产了 DYS—92 型低本底液体闪烁仪，并在"夏商周断代工程"课题中主要承担¹⁴C 放射性测量任务(包括日常工作运行，软件的编制和淬灭效应校正的研究等)。

第三章 系列样品^{14}C年代测年方法
中的数据处理研究

数理统计学是研究怎样去有效地收集、整理和分析带有随机性的数据，以对所考察的问题作出推断或预测，直至为采取一定的决策和行动提供依据和建议。贝叶斯理论最早由贝叶斯于 1763 年提出，20 世纪 50 年代发展，形成了与目前仍占有支配地位的传统统计学派颇具挑战性的一个学派。"夏商周断代工程"中应用贝叶斯方法，成功解决了不少考古学中的年代问题，表现了贝叶斯理论的适用性，也是对贝叶斯统计理论的一次有力支持。

一 贝叶斯统计学的理论表述

贝叶斯理论与传统学派之间最突出的分歧在于对先验概率分布的理解和使用。后者认为先验概率分布必须在频率解释基础上，方才有其客观意义。贝叶斯理论则以先验概率分布为起点，经过一定的程式演算，得出可以作为最后推断的依据。而先验概率分布的确定可以是经验的，甚至是主观的假设。贝叶斯统计学的理论可以归结为贝叶斯公式和贝叶斯假设两种表述内容。

贝叶斯公式为：

$$P(\theta \backslash X) = \{P(X \backslash \theta) P(\theta)\} / \sum P(X \backslash \theta) P(\theta)$$

其中 $P(\theta)$ 称先验概率分布，$P(X \backslash \theta)$ 为条件概率分布(似然函数)，$P(\theta \backslash X)$ 称为后验概率分布，即在求总体分布参数 θ 时，除了样本 X 的信息，需要对总体分布参数 θ 规定一个先验分布 $P(\theta)$。

贝叶斯假设为:

在先验信息未知的情况下,假定总体参数的先验概率分布是均匀的。

二　贝叶斯数理统计对考古学中^{14}C 年代研究的适应性

^{14}C 数据具有统计性质(带有随机性),而样品的^{14}C 年代与真实年代(日历年代或树轮年代)之间已经确立了精确的校正关系(高精度树轮校正曲线),相当于贝叶斯方法所需的条件概率分布(似然函数)。从考古学或其他方面研究提供的有关样品出土信息,可以通过量化处理作为先验概率分布的依据。依据这些适用贝叶斯统计方法的基本条件,通过贝叶斯公式计算得出后验概率分布,进一步提高了^{14}C 测年方法所获得的精度,就可以对相应的考古真实年代作出推断。

具体演绎过程可以表述如下:

设有一系列 n 个相互关联的考古事件,其相应的日历年代为 θ_1,θ_2, $\cdots$, θ_n。对于某一特定事件i 测定所得^{14}C 样品年代值及其标准误差为 $\chi_i \pm \sigma_i$,χ_i 是某一随意变量 X_i 的具体表现。$\mu(\theta)$ 表示高精度校正曲线函数,$\sigma(\theta)$ 是曲线本身的误差,一般可以忽略。但在^{14}C 测定达到高精度时,应计入该误差,而代之以:

$$\omega_i^2(\theta) = \sigma_i^2 + \sigma_i^2(\theta_i)$$

上述各量之间有如下函数关系:

$$X_i \sim N(\mu(\theta_i), \omega_i^2(\theta_i))$$

用贝叶斯理论,后验概率分布 $P(\theta \backslash X)$ 由下式决定:

$$P(\theta \backslash X) \propto P(X \backslash \theta) P(\theta)$$

$P(\theta)$ 为样品间的先验关系,即考古层位或其他信息确定的样品间的先验关系,例如,$\theta_1 > \theta_2$,$\theta_1 > \theta_3$ 等。$P(X \backslash \theta)$ 为似然函数,即^{14}C 年代与日历年代之间表现为高精度树轮校正曲线的固有关系:

$$P(X \backslash \theta) = \prod_{i=1}^{n} P(\chi_i \backslash \theta_i)$$

$$P(\chi_i \backslash \theta_i) = \frac{1}{\omega_i^2(\theta_i)(2\pi)^{1/2}} \exp\left(-\frac{(\chi_i - \mu(\theta_i))^2}{\omega_i^2(\theta_i)}\right)$$

这样，就在将^{14}C 年代转换成日历年代时，同时考虑了各种可能获得的所有信息，使最后确定的日历年代误差缩小，而且更加合乎逻辑。同时，操作过程比较标准划一，表述清晰，非常便于不同工作人员之间对结果进行讨论研究和比较。

贝叶斯理论中不需要事前繁琐的抽样过程，以及只有一次使用也有意义等，对考虑问题是十分有益的。

三　应用中的具体算法和 OxCal[①] 程序

20 世纪 80 年代高精度树轮年代校正曲线公布以后，利用系列样品^{14}C 测定提高精度的实践开始增多，受到国内外^{14}C 工作者普遍重视。最早使用的最小二乘法，20 世纪 90 年代前后与统计学家合作采用贝叶斯方法，在应用方面有了很大进展。

因为校正曲线呈不规则锯齿形变化，$\mu(\theta)$ 是非单值函数，无法用简单的数学公式进行运算，而需要根据数字运算。因此，在利用贝叶斯统计处理方法时，必然会述及许多十分复杂的数理推算过程，这对一般非专业人员无疑是一道不可逾越的障碍，几乎只有专业统计学家的参与才能进行。英国牛津大学 AMS^{14}C 实验室拉姆赛（C. B. Ramsey）博士从 20 世纪 90 年代初开始（Version. 2.00，1994），编制（并不断改进）了为解决考古问题应用贝叶斯统计方法的实用计算机程序（OxCal[②]），将复杂的数理统计计算简化为一般的程序操作，演算十分快速，使用方便。

四　OxCal[③] 程序的算法基础

贝叶斯方法的具体算法有多种，OxCal 程序采用的是 MCMC 法，即马尔可夫链—蒙特卡罗（Markov Chain Monte Carlo）方法。

---

① 可读为"奥克斯卡"。程序操作使用英语，OxCal 为程序名。
② 同上。
③ 同上。

马尔可夫是 19 世纪出生的一位苏联科学家，他提出一种自然界的随机现象——已知现在状态，但其将来的演变与以往的演变无关——称为马尔可夫过程。采用数学分析方法研究这种自然过程的一般图式称为马尔可夫链（Markov Chain）。

蒙特卡罗（Monte Carlo）则是一个以赌博闻名于世的摩纳哥城市。蒙特卡罗法，又称统计试验法或统计模拟法，将所求解的问题同一定的概率模型相联系，用计算机统计模拟或抽样，以获得问题的近似解。借用该城市名称以表示这种算法的概率统计特点。

MCMC 方法求解过程中普遍应用了吉布斯（Gibbs）取样方法。吉布斯（Gibbs）取样法由金曼（Geman）等人在 1984 年提出，它完全是取自全条件分布。

五　OxCal 程序的运算过程

上述算法是贝叶斯基本算法的一种，20 世纪 90 年代以来已有较多的运用，但由于专业性较强，很难推广。OxCal 程序的突出优点是利用各种信息（包括考古方面、¹⁴C 数据方面等等），通过不同命令，构建成一定模式，自动运算得出所需结果，形成了几乎人人都可以掌握的运作过程。它为贝叶斯方法的普及运用，特别是在 ¹⁴C 考古年代学革命性进展中起到了十分重要的作用。

1. 基本原则和主要信息

OxCal 程序不仅仅用于 ¹⁴C 考古年代分析，它还要面对解决各方面问题的需要。因此，它包括的内容，体现在各种组成模式的命令上，有几十种之多。由于"夏商周断代工程"中 ¹⁴C 测定的使用，主要是为了解决考古年代问题，所得结果不仅需要面对从事此项工作的专业人员，而且要受到考古学家甚至全社会的关注。所以，在不影响正确使用的条件下，我们要求将整个过程演绎得越简单扼要越好。以下讨论，也将围绕这一要求，局限于本"夏商周断代工程"中的需要。

数据处理的基本原则可以简要归结为三条：

①¹⁴C 测定数据准确无误，精确可靠。

②考古信息充分有效。

③数据处理的依据和方法正确可靠。

其中^{14}C 测定和考古信息方面将在另外章节中讨论。数据处理的重要依据是树轮年代校正曲线的精确可靠。目前国际通用的树轮年代校正曲线 IntCal 98，我们于 1999 年才接触到，当时我们的测定已接近尾声，校正工作也近乎完成。之前，我们采用的是当时国际通用的树轮年代校正曲线版本。为此，我们进行了统一更改。在此期间，OxCal 程序的版本也从 Version2. 18（1996 年从网上下载）改动到 Version3. 8（2002 年）。同样，我们也依据新版改变了操作方式。实践证明，使用不同版本的 OxCal 程序，对最终得出的结果，并无明显差别，只是表达形式有了改进。而树轮年代校正曲线版本不同，所得结果会随之有适当改变。可见，曲线的走向是很关键的，这就使开始使用的目测法有了一席用武之地，可以作为年代研究中仔细讨论的依据。

目前采用的数据处理方法就是依据贝叶斯统计编制的 OxCal 程序，它的设置可靠、正确使用是我们研究的主要内容。

2. OxCal 程序的研究重点

关于 OxCal 程序的研究是多方面的，也是课题中必须研究的重点之一。首先要了解它的操作规程的基本要点，同时还要弄清它的理论依据、计算方法以及表述方式的合理性等等。最重要的研究还在于它对解决考古年代问题的适用性，包括命令的使用、模式的建立、最终结果的解释等等，需要全面综合考虑考古、^{14}C 测定、校正曲线等各种因素的影响。

OxCal 程序理论基础和计算方法的研究，各章节中将有较仔细的叙述。鉴于"夏商周断代工程"启始，日程表排得比较紧迫，我们对 OxCal 程序的研究内容首先是正确掌握操作规程和如何适用于解决考古年代问题，同时在有关专家的协助下，肯定了 OxCal 程序的理论基础和计算方法的实用可靠。以后我们结合上述三个基本要求，主要研究解决使用中的实际问题，包括建立分析模式、结果的解释、边界条件等。

3. OxCal 程序操作模式的建立

前面已经指出，鉴于"夏商周断代工程"时间紧、任务重的现实情况，我们一开始就作了充分准备。必须选择工作重点，有计划、有步骤地进行，"夏商周断代工程"的积极支持和考古方面给予的充分合作，也是必不可少的。在采用 OxCal 程序操作模式方面，也是一样。

①树轮系列样品相互之间的年代十分明确，操作最为简单，结果也最可靠。因此，我们从一开始就用树轮系列样品严格操作，认真掌握整个过程中各步骤的要点，以便及早发现问题，解决问题。

树轮系列样品的 OxCal 程序操作模式最简单，只需使用"固定年代间隔系列"命令，即"D – Sequence"命令。然后依次输入每个树轮样品的¹⁴C 年代数据和误差，即可运算得出各轮的真实年代（日历年代）及误差。

②地层叠压关系明确的系列样品。

考古样品之间的关系十分复杂，有明确地层叠压关系的系列样品最理想，过去应用的实例多是这一类型，但实际考古工作中很难遇到。

第一，如果地层之间的年代粗略可以估计，OxCal 程序操作模式可以采用"可变年代间隔系列"命令，即"V – Sequence"命令。

第二，如果仅有前后关系，则用"年代系列"命令，即"Sequence"命令。

"Sequence"是最常用的一个命令，只要是一组年代有先后关系的样品数据，无论在另一系列之中，或在某一分期之中，都可以用"Sequence"命令加以组合。

第三，如果同一地层或某一些地层中出土有同一时期的一批样品，则采用"分期"，即"Phase"命令，插入系列。

③分期（包括有个别叠压关系）明确的系列样品。

事实上，考古中最常见的样品关系，是有先后时序的分期关系。考古工作者利用类型学等方法分辨出土样品属于同一时期或前后各期。如能从中采集到一系列能够代表各期年代的¹⁴C 样品，就可以利用 OxCal 程序操作模式获得各期的真实日历年代。

第一，OxCal 程序操作模式则采用在"Sequence"命令的条件下，加入分期命令。

第二，如果同一期中样品没有先后关系，即用"Phase"命令，倘若仍有先后，则再加一"Sequence"命令。

④其他各种不同类型的样品系列，将根据情况灵活处理。

六 关于边界条件

系列样品的要点是以数据间年代上有相互制约为条件，才能得出掺入了考古信息的年代误差缩小的结果。不然的话，得出的只能是单个样品树轮校正的数据。对于一长系列样品使用 OxCal 程序操作模式时，有相互制约的年代结果是可信的，符合了贝叶斯方法的使用。但前后两端年代，没有满足相互制约的条件，得出的只是单个样品数据的校正结果，仅代表了该系列年代的上限。对此，有三种解决办法。

①虽然系列两端没有年代数据约束，但并不影响中间年代数据的可靠性，而中间部分的年代值才是"夏商周断代工程"中希望解决问题的年代。因此，向两端延伸的年代，（特别是最外端）弃之不用。这样一来，可以避免了人为设置边界，影响客观存在的分期不均匀性。

②根据考古信息或其他方法估计，在系列前端（或末端），设置代表时代上更早（或更晚）的数据加以限制。这样得出最早期（或最晚期）的年代结果，符合了要求，也比较合理。

③根据 OxCal 程序要求加边界条件，（即两端采用"Boundary"① 命令）作为制约。

上面提到贝叶斯理论中一个重要假定是：在先验信息未知的情况下，假定总体参数的先验概率分布是均匀的。依此，OxCal 程序在系列两端采用边界条件（即"Boundary"命令），限制两端年代延伸，使结果可信可用。一般考古分期在 50 年左右，对于一个年代较长的系列来说，分布均匀的假设也是符合实际的。

关于研究边界条件的使用。

1999 年，我们已经基本完成了测定工作，数据校正也得出了最终结果。"夏商周断代工程"延迟到 2000 年总结，又补充了少量测定和校正工作。

---

① "Boundary"为"边界"的英译名，程序操作使用英语。

　　之前，我们所有的校正都没有采用两端加边界条件的办法，对两端年代不加分析。而中间部分数据在必要的情况下，采用了边界条件的方法，使年代范围更加清晰。理由如前所述。

　　这次重新发表，考虑到使用边界条件与否，是否可能会影响接近两端的年代这一个问题，我们用实测结果，仔细研究了边界条件的使用方法和范围，作出如下判断。

　　①对于树轮系列样品，由于采用固定间隔系列，或单纯使用可变间隔系列，所需年代的目的性明确，一般两端不必使用边界条件。

　　②考古上一组年代延续时间较长，如 200 年，分成几个前后连续的分期，两端加以边界条件，是可取的。因为长系列满足了程序要求的均匀分布假定，两端的年代界限清楚，可以改善接近边界间各期年代可靠性。

　　③离端点边界稍远（如相隔二期），有明确年代要求的分界，使用边界条件①后，可以令所得年代间隔表示清晰。而且通常这类年代与两端是否加边界并无显著差别。

　　④长系列组合中分成若干期，年代校正时是否需要在每个分期两端都加入边界条件命令，我们试验结果是否定的。因为这样一来，会影响系列的年代分布，并使整个系列的校正年代跨度加大，甚至达到不合理的程度。原因可能在于，每个短分期（如几十年）满足（采样）分布均匀的前提并不十分充分。而对于长系列则是充分的，因为考古分期一般是正确的。

---

　　① 使用边界条件，即加入"Boundary"操作命令。

第四章　结合夏商周考古实际测定的情况

经过以上各项严格掌握的步骤，最后获得了作为夏商周三代考古^{14}C年代框架依据的测定数据和拟合结果。

用树木年轮组成的样品系列作^{14}C测定，由于样品年代间隔十分确定，经^{14}C数据匹配拟合获得的真实年代结果可靠性较好。并且，由于直接同树轮校正曲线作比较，很容易暴露在测量中存在的问题（如测量结果需作淬灭校正，就是在这一过程中开始的），对规范使用系列样品测定方法，起到了先导作用。

现将"夏商周断代工程"中比较关键的测定项目辑录于下：

一　山西曲沃北赵晋侯墓地 M8 的^{14}C 年代测定

山西曲沃北赵晋侯墓地 M8 的^{14}C年代测定是"夏商周断代工程"测定中唯一的一次例外，它仅用了单个^{14}C数据作树轮年代校正就得出了直接可用的结果，而不需要再进行拟合处理。其原因乃出于当时大气^{14}C水平的变化特征。一般来说，由于大气^{14}C放射性水平受众多因素影响，反映它变化的树轮校正曲线在大部分时段呈多锯齿状，因此单个^{14}C年代经树轮年代校正以后，误差都会超过100年。但在整条校正曲线中却有二、三处存在较特殊的时段，在极短的时段以内，大气^{14}C放射性水平却是单向又十分显著的变化（见图4—1，本书第35页），由此转换所得日历年代范围就十分短暂，表现为所得日历年代误差很小。如距今 2690—2560 年间，单个^{14}C 年代经校正后，日历年代误差反而会大大缩小。这当然也是因为高精度^{14}C 测定，使测定误差缩小到^{14}C 年代处于该时段以内的结果。

山西曲沃北赵晋侯墓地原先发现的晋侯和夫人墓共 8 组 17 座（后增为 19 座），其中的 M8 位于南排的中央。该墓有晋侯苏编钟 16 件同出，被认为它的墓主人应即是晋侯苏。

据《史记·晋世家》记载：晋侯苏是靖侯之孙、釐侯之子，于周宣王六年立，十六年卒，在位十一年，即由公元前 822 年至公元前 812 年。

晋侯苏钟有长篇铭文，记述了晋侯苏于王三十三年随王东征，且有四组年、月、月相、干支齐全的历日可供推算。这个三十三年究竟是哪一位周王，现有二说，一谓厉王，另一谓宣王。若为后者，则认为《史记》和有关的文献记载有误。因而，《史记》所称"靖侯以来，年纪可推"，以及晋献侯籍，即晋侯苏的在位年数，受到了怀疑。

为此，就晋侯苏墓中采集的木炭样品，由两个实验室做了常规^{14}C 年代测定，所得^{14}C 年代分别为距今 2630 ± 30 年和距今 2620 ± 20 年。两室的数据一致（均为首次测定结果，以后做了仔细校核，结果列于下表。稍后又与北京大学 AMS^{14}C 实验室和国外实验室结果对比亦一致），表明数据应当可信。对这两个数据取平均值，年代应为距今 2625 ± 22 年。经树轮校正后为公元前 808 ± 8 年。即公元前 816—前 800 年，与《史记》所载晋侯苏卒年相符。

据样品提供者说明，采集的是树枝木炭，表示所得年代应接近于生长年代，即与墓葬形成年代相近。

^{14}C 测年结果证实了《史记》所载晋献侯籍即晋侯苏的卒年可信。从而，晋侯苏墓葬 M8 所得的年代结果，可以推定是厉王三十三年随王东征。

以后又陆续测定了几个墓葬出土样品，列为表 4—1 及表 4—2。

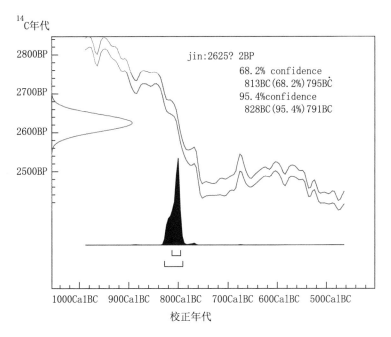

图4—1 M8 木炭 ^{14}C 年代分布和相应日历年代分布图示

注：左方以纵坐标为 ^{14}C 年代，横坐标为百分概率，呈高斯分布；下方以横坐标为日历年代，纵坐标为百分概率；校正曲线的纵坐标为 ^{14}C 年代，横坐标为日历年代。

测定数据

表4—1 **山西曲沃北赵晋侯墓地样品测定数据**

（中国社会科学院考古研究所 ^{14}C 实验室测定）

实验室编号	样品来源	墓主	测定物质	测量校正后（5568，1950）	苯量（克）	δ^{13}C 值（‰）	校正后值（5568，1950）
ZK - 6001	M9	武侯墓	樟木	3013 ±27	5. 7305		3029 ±27
ZK - 6002	M32	厉侯夫人墓	木炭	2724 ±33	3. 7564		2740 ±33
ZK - 6003	M8	献侯墓	木炭	2604 ±34	6. 3220	- 24. 24	2632 ±34
ZK - 6004	M64	穆侯墓	木炭	2619 ±32	5. 3583		2635 ±32
ZK - 6005	M63	穆侯夫人墓	木炭	2500 ±33	5. 6441		2516 ±33
ZK - 6006	M93	文侯墓	木炭	2530 ±29	6. 2528		2546 ±29

注：由于进行匹配拟合时数据采集的随意性质，不同次拟合结果会有几年的差别是正常的。

表 4—2   山西曲沃北赵晋侯墓地样品测定数据

（北京大学常规 ^{14}C 实验室）

实验室编号	样品来源（原编号）	考古分期	测定物质	测量校正后（5568，1950）	δ^{13}C 值（‰）	校正后值（5568，1950）
XSZ021	M9	武侯墓	椁木	3050 ±35	-22.69	3087 ±35
XSZ022	M13	M9 夫人墓	椁木	3044 ±35	-22.36	3086 ±35
XSZ023	M32	西中偏晚	木炭	2814 ±40	-25.15	2811 ±40
XSZ025	M8	晋侯墓	木炭	2578 ±32	-25.45	2570 ±32 *
XSZ027	M64	西周末	木炭	2824 ±32	-23.93	2841 ±32
XSZ028	M63	西周末	木炭	2754 ±35	-24.00	2770 ±35
XSZ029	M93	春秋之初	木炭	2628 ±40	-23.73	2648 ±40

注：* 此数据是再次校正所得，单个数据树轮曲线校正结果范围一致。由于前一数据与 AMS 法所得和国外对比结果接近，因此维持原值处理。

根据《史记》中晋侯世家的记载，对照山西曲沃北赵晋侯墓地出土样品的 ^{14}C 年代测定，所得结果列表如下。

表 4—3   晋侯世家（据《史记》），相应晋侯墓地及 ^{14}C 测定结果对照表

（中国社会科学院考古研究所 ^{14}C 测定）

晋侯	姓名	即位年代（BC）	驾崩年代（BC）	相应墓号	测定物质	^{14}C 年代（1950，5568）
唐叔虞	姬—子于					
晋侯	燮					
武侯	宁族			M9	椁木	3029 ± 27
成侯	服人		BC			
厉侯	福	BC	BC	（-M32）	（木炭）	（2740 ±33）
靖侯	宜臼	BC	BC840			
僖侯	司徒	BC840	BC823			
献侯	籍	BC822	BC812	M8	树枝木炭	2632 ± 34
穆侯	费王	BC811	BC784	M64（-M63）	木炭（木炭）	2635 ±32（2516 ±33）
（弟殇叔）			BC784			
文侯	仇	BC780	BC746	M93	木炭	2546 ± 29
昭侯	伯	BC745	BC739			

　　以下将测定数据转换至日历年代，配以图解，表示相应的年代范围（见图4—2）：共测有6个墓葬年代。其中两个夫人墓葬，有一个用了木椁样品，可能与侯爵本人死亡年代相差较大。因此，这批数据很难组成系列样品拟合来进一步缩小误差。今以图表比较，依此分析实测的 ^{14}C 年代数据同历史年代是否相合，借以检验 ^{14}C 年代数据的可靠性，很说明问题。

　　M32 被定为厉侯夫人墓。厉侯排在靖侯以前，靖侯卒于公元前 840 年。从图4—2上看，其 ^{14}C 年代数据同厉侯的卒年大致相合。

　　M8 的木炭样品测出的年代，上面已经分析。

　　M64 被定为穆侯墓，M93 被定为文侯（或殇叔）墓，M63 被定为穆侯夫人墓。图4—2中树轮校正曲线比较陡直的时段，相应的单个 ^{14}C 年代数据经树轮年代校正后，误差会缩小。实际情况是年代误差大概会缩小到原来误差的三分之一。

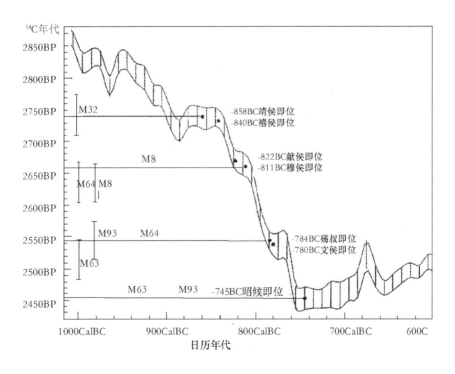

图4—2　西周时段的树轮校正曲线图示

一般说来，墓中木炭的^{14}C 年代要比墓葬的年代偏老一些。因为这三个墓都是采用木炭样品，^{14}C 年代有的数据比实际年代偏老，可以理解。M8 和 M64 的^{14}C 年代数据虽相近，都是在测试误差范围内，更可能是 M64 的木炭年代偏老。M8 的晋献侯钟铭文可与厉王相联系。若再与 M63 穆侯夫人墓的^{14}C 年代比较晚联系起来，就更加可以肯定献侯在前，穆侯在后。

由此可见，山西曲沃北赵晋侯墓地的^{14}C 测定，表明常规^{14}C 测定年代方法在有历史纪年范围内，仍然可供参考。

二 北京琉璃河西周遗址^{14}C 年代测定与拟合

1. 北京琉璃河遗址

该遗址是周初分封的燕侯属地，考古发掘出许多贵族墓葬，前后可分为三期六段。采集遗址中前后三期墓葬人骨组成^{14}C 样品系列做高精度测定，经过拟合处理得出其上限年代同样落在上述的武王克商年代范围以内。

测定数据：

表4—4　　　　　　北京琉璃河遗址（BL）系列样品测定数据
（中国社会科学院考古研究所^{14}C 实验室测定）

实验室编号	样品来源（原编号）	考古分期	测定物质	测量校正后（5568，1950）	苯量（克）	δ^{13}C 值（‰）	校正后值（5568，1950）
ZK－5800	M503	一期一段	人骨	2634 ±33	6.2815	－10.09	2878 ±33
ZK－5801	M508	一期一段	人骨	2202 ±42	2.8940	－8.75	2468 ±42
ZK－5802	M509	一期一段	人骨	2590 ±35	5.3933	－6.69	2890 ±35
ZK－5803	M403	三期	人骨	2274 ±31	7.3677	－8.71	2540 ±31
ZK－5804	M513	一期二段	人骨	2533 ±31	6.3754	－6.85	2830 ±31
ZK－5805	M516	二期四段	人骨	2488 ±31	6.4181	－7.99	2766 ±31
ZK－5806	M1026	一期二段	人骨	2571 ±32	6.2046	－7.96	2850 ±32
ZK－5807	M1082	一期二段	人骨	2583 ±31	6.3133	－8.56	2851 ±31
ZK－5808A	M1115	一期二段	人骨	2638 ±31	6.3553	－9.53	三值平均得：2844 ±20
ZK－5808B	M1115	一期二段	人骨	2554 ±35	5.1303	－9.53	
ZK－5808C	M1115	一期二段	人骨	2581 ±31	7.3043	－9.53	

续表

实验室编号	样品来源 （原编号）	考古分期	测定物质	测量校正后 (5568, 1950)	苯量 （克）	δ¹³C 值 (‰)	校正后值 (5568, 1950)
ZK – 5809	M512	二期三段	人骨	2548 ±32	6. 2151	– 7. 15	2840 ±32
ZK – 5810	M515	二期三段	人骨	2720 ±33	5. 5802	– 7. 15	3012 ±33
ZK – 5811	M1003	二期四段	人骨	2460 ±35	5. 2447	– 7. 16	2751 ±35
ZK – 5812	M1022	二期三段	人骨	2546 ±44	3. 2570	– 7. 47	2832 ±44
ZK – 5813	M1023	二期三段	人骨	2586 ±79	1. 0874		
ZK – 5814	M1030	二期四段	人骨	2446 ±36	5. 1130		
ZK – 5815	M1034	二期四段	人骨	2516 ±36	5. 1188		
ZK – 5816	M1038	二期四段	人骨	2252 ±47	2. 7296	– 11. 95	2465 ±47
ZK – 5817	M1088	二期四段	人骨	2562 ±77	1. 0067	– 8. 58	2830 ±80
ZK – 5818	M1095	二期四段	人骨	2393 ±80		– 8. 60	2660 ±80
ZK – 5819	M517	三期	人骨	1930 ±99		– 7. 12	2223 ±99
ZK – 5821	M1035	三期	人骨	1874 ±97		– 9. 14	2133 ±97
ZK – 5822	M1045	三期五段	人骨	2393 ±37	1. 9996	– 5. 46	2713 ±37
ZK – 5826	M1140	三期六段	人骨	2339 ±32	4. 7697	– 7. 42	2626 ±32

表 4—5　　　　　北京琉璃河遗址（BL）系列样品测定数据

（北京大学常规¹⁴C 实验室）

实验室编号	样品来源 （原编号）	考古分期	测定物质	测量校正后 (5568, 1950)	δ¹³C 值 (‰)	校正后值 (5568, 1950)
XSZ056	G11H67	西周晚期	木炭	2874 ±36	– 24. 55	2881 ±36
XSZ057	G11H108①		木炭	2791 ±61	– 25. 71	2780 ±61—
XSZ058	G11H108②	西周早期 （出成周甲骨）	木炭	2828 ±33	– 26. 13	2810 ±33
XSZ061	G11T3102②		木炭	2758 ±39	– 26. 31	2737 ±39
XSZ062	G11H962	西周早期	木炭	2829 ±39	– 26. 79	2800 ±39
XSZ063	G11T3102H94	西周早期	木炭	2906 ±35	– 26. 47	2882 ±35
XSZ064	G11Y1	西周晚期	木炭	2531 ±35	– 26. 32	2510 ±35
XSZ065	G11H136	西周晚期	木炭	2880 ±43	– 25. 88	2866 ±43

拟合结果：

表4—6　　　　　**北京琉璃河遗址（BL）系列样品测定数据拟合结果**

实验室编号	样品来源（原编号）	考古分期	测定物质	¹⁴C 年代数据（5568，1950）	单个样品校正年代（BC，68.2%）	系列样品校正年代（BC，68.2%）
Boundary 上边界，是殷墟—琉璃河遗址年代交界处						1049.2—1018
ZK－5802	M509	一期一段	人骨	2890 ±35	1030—1000	1033—1004
ZK－5800	M503	一期一段	人骨	2878 ±33	1030—1000	1032—1003
ZK－5807	M1082	一期二段	人骨	2851 ±31	1050—970（54.0）960—930（14.2）	1012—972
ZK－5806	M1026	一期二段	人骨	2850 ±32	1050—970（53.1）960—930（15.1）	1012—971
ZK－5808	M1115	一期二段	人骨	2844 ±20	1020—970（48.6）960—935（19.6）	1009—972
ZK－5804	M513	二期三段	人骨	2830 ±31	1010—920	1010—950
ZK－5809	M512	二期三段	人骨	2840 ±32	1040—920	958—921
ZK－5812	M1022	二期三段	人骨	2832 ±44	1050—910	959—918
ZK－5817	M1088	二期四段	人骨	2830 ±80	1030—890	935—855
ZK－5805	M516	二期四段	人骨	2766 ±31	970—950（7.2）930—890（29.7）880—830（31.3）	925—890（41.1）880—850（26.8）
ZK－5811	M1003	二期四段	人骨	2751 ±35	920—830	920—855
ZK－5822	M1045	三期五段	人骨	2713 ±37	900—825	854—815
ZK－5826	M1140	三期五段	人骨	2626 ±32	821—795	817—794
ZK－5803	M403	三期六段	人骨	2540 ±31	800—750（30.2）690—660（10.1）640—590（19.7）580—560（8.2）	795—768
Boundary 下边界						790—720

拟合图示：

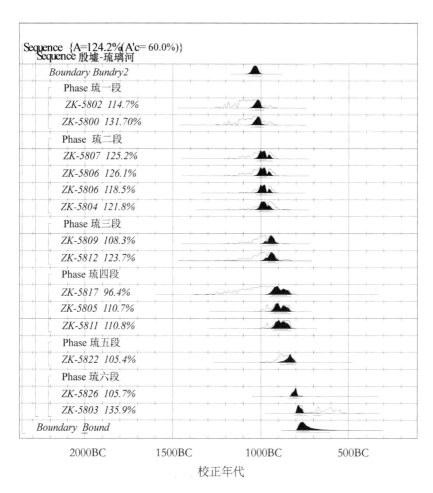

图4—3　北京琉璃河遗址（BL）系列样品测定数据拟合图示

琉璃河遗址的考古年代紧接在殷墟遗址之后，因此将二遗址联合拟合，其衔接年代应相当于武王克商的判别年代。结果得出二遗址分界年代为公元前1049—前1018年，与丰镐遗址所得完全相符。

2. M1193

为北京琉璃河遗址墓葬，采集出土棺木作树轮系列样品进行^{14}C测定，并与高精度树轮年代校正曲线匹配拟合，获得最外轮生长年代，最后判别出棺木的砍伐年代。

测定数据：

表4—7   北京琉璃河遗址（BL）墓葬 M1193 树轮木系列样品测定数据

实验室编号	树轮轮数（由外向内）	测定物质	测量校正后（5568，1950）	苯量（克）	δ¹³C 值（‰）	校正后值（5568，1950）
ZK－5834B	第47—56 轮	树轮木	2905 ±37	4.7612		2921 ±37
ZK－5833B	第37—46 轮	树轮木	2860 ±37	4.7182		2876 ±37
ZK－5832B	第27—36 轮	树轮木	2872 ±32	6.9585		2888 ±32
ZK－5831B	第17—26 轮	树轮木	2854 ±33	6.6107		2870 ±33
ZK－5830B	第7—16 轮	树轮木	2821 ±35	5.6823	－ 22.77	2857 ±35
ZK－5829B	第1—6 轮	树轮木	2848 ±33	6.4259		2864 ±33

拟合结果：

表4—8   北京琉璃河遗址（BL）墓葬 M1193 树轮木系列样品测定数据拟合结果

实验室编号	树轮轮数（由外向内）	测定物质	¹⁴C 年代数据（5568，1950）	拟合后年代（BC）（68.2%）	备注
ZK－5834B	第47—56 轮	树轮木	2921 ±37	1082—1041	
ZK－5833B	第37—46 轮	树轮木	2876 ±37	1072—1031	
ZK－5832B	第27—36 轮	树轮木	2888 ±32	1062—1021	
ZK－5831B	第17—26 轮	树轮木	2870 ±33	1052—1011	
ZK－5830B	第7—16 轮	树轮木	2857 ±35	1042—1001	
ZK－5829B	第1—6 轮	树轮木	2864 ±33	1032—991	

M1193 出土棺木样品，保存良好，拟合结果为，最外轮年代为公元前 1011 ±20，即不早于公元前 1032—前 991 年，棺木砍伐年代为其上限。考古上认为 M1193 是北京琉璃河遗址中第一（或二）代燕侯墓葬。

拟合图示：

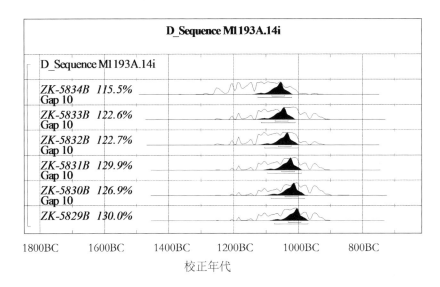

图4—4　北京琉璃河遗址墓葬 M1193 树轮木系列样品测定数据拟合图示

三　陕西长安张家坡遗址、马王村遗址年代测定和武王克商年代范围判别

（一）陕西长安县张家坡遗址年代测定

前几年，中国社会科学院考古研究所[14]C 实验室特地从考古工地挑选了几个墓葬出土的木质样品运回北京，有陕西长安沣西张家坡遗址（SCZ）墓葬 M163、墓葬 M121 出土棺木等。“夏商周断代工程”开始以后，北京大学常规[14]C 实验室又从陕西长安张家坡遗址采集到墓葬 M4 棺木。以下是上述几个样品的树轮木质[14]C 测定结果。

1. M163

陕西长安张家坡遗址（SCZ）墓葬 M163 为西周中期墓葬，采集出土棺木作树轮系列样品进行[14]C 测定，并与高精度树轮年代校正曲线匹配拟合，获得最外轮生长年代，最后判别出棺木的砍伐年代。

测定数据：

表4—9   陕西长安张家坡遗址（SCZ）墓葬 M163 树轮木系列样品测定数据

实验室编号	树轮轮数（由外向内）	测定物质	测量校正后（5568，1950）	苯量（克）	δ¹³C 值（‰）	各项校正后值（5568，1950）
ZK – 5701	5—15 轮	树轮木	2859 ±36	5.0875	– 23.80	2894 ±36
ZK – 5702	16—25 轮	树轮木	3089 ±33	6.8775		3105 ±33
ZK – 5703	26—35 轮	树轮木	2795 ±34	6.0638		2811 ±34
ZK – 5704	36—45 轮	树轮木	2958 ±36	5.2763		2974 ±36
ZK – 5705	46—55 轮	树轮木	2907 ±34	6.3009		2923 ±34
ZK – 5706	56—65 轮	树轮木	2892 ±35	5.6940		2908 ±35
ZK – 5707	66—75 轮	树轮木	2932 ±33	6.7720		2948 ±33
ZK – 5708	76—85 轮	树轮木	2948 ±34	6.0712		2964 ±34
ZK – 5709	86—95 轮	树轮木	2906 ±34	6.3261		2922 ±34

注：测量校正后指¹⁴C 放射性测量过程中一切必需的校正以后；各项校正后指经 δ¹³C 校正、淬灭校正等以后。（下同）

拟合结果：

表4—10   陕西长安张家坡遗址（SCZ）墓葬 M163 树轮木系列样品测定数据拟合结果

实验室编号	树轮轮数（由外向内）	测定物质	¹⁴C 年代数据（5568，1950）	拟合后年代（BC）（68.2%）	备注
ZK – 5709	86—95 轮	树轮木	2922 ±34	1200—1135	
ZK – 5708	76—85 轮	树轮木	2964 ±34	1190—1125	
ZK – 5707	66—75 轮	树轮木	2948 ±33	1180—1115	
ZK – 5706	56—65 轮	树轮木	2908 ±35	1170—1105	
ZK – 5705	46—55 轮	树轮木	2923 ±34	1160—1095	
ZK – 5701	5—15 轮	树轮木	2894 ±36	1120—1055	

发现有三个数据偏离较大(ZK-5704、ZK-5703、ZK-5702),拟合时删除。用6个数据与对应曲线相合,删除不合适数据并不影响最终结果。拟合结果是最外轮年代在公元前1120—前1055(1087±32)年范围以内。但是从出土情况和树轮截面上看,从最外轮树轮到树皮之间可能有一百多年树轮已被腐蚀掉了。因此,估计M163墓葬的年代不确定性较大,但基本上应该属于西周中期墓葬。

拟合图示:

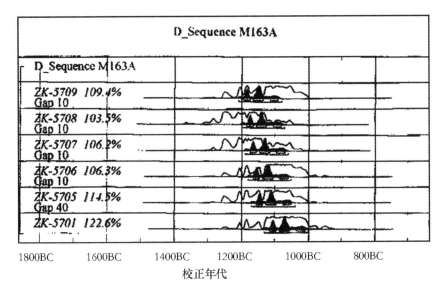

图4—5 陕西长安张家坡遗址(SCZ)墓葬M163树轮木系列样品测定数据拟合图示

2. M121

陕西长安张家坡遗址(SCZ)墓葬M121为西周中期墓葬。采集出土棺木作树轮系列样品进行^{14}C测定,与高精度树轮年代校正曲线匹配拟合,获得最外轮生长年代,最后判别出棺木的砍伐年代。

测定数据：

表4—11   陕西长安张家坡遗址（SCZ）墓葬 M121 树轮木系列样品测定数据

实验室编号	树轮轮数（由外向内）	测定物质	测量校正后（5568，1950）	苯量（克）	δ¹³C 值（‰）	校正后值（5568，1950）
ZK – 5711	46—55 轮	树轮木	2824 ±32	5.9208	− 20.29	2915 ±32
ZK – 5712	56—65 轮	树轮木	2814 ±32	6.3311		2830 ±32
ZK – 5713	66—75 轮	树轮木	2837 ±31	6.7213		2853 ±31
ZK – 5714	76—85 轮	树轮木	2842 ±33	5.8023		2858 ±33
ZK – 5715	86—95 轮	树轮木	2890 ±30	7.3185		2906 ±30
ZK – 5716	96—105 轮	树轮木	2839 ±31	6.4889		2855 ±31
ZK – 5717	106—115 轮	树轮木	2872 ±31	6.8212		2888 ±31
ZK – 5718	116—125 轮	树轮木	2908 ±31	7.1919		2924 ±31
ZK – 5719	126—135 轮	树轮木	2850 ±36	4.5313		2866 ±36
ZK – 5720	136—145 轮	树轮木	2880 ±34	5.2830		2896 ±34
ZK – 5721	146—155 轮	树轮木	2884 ±31	6.4418		2900 ±31
ZK – 5722	156—165 轮	树轮木	3087 ±30	7.6420		3103 ±30

拟合结果：

表4—12   陕西长安张家坡遗址（SCZ）墓葬 M121 树轮木
系列样品测定数据拟合结果

实验室编号	树轮轮数（由外向内）	测定物质	¹⁴C 年代数据（5568，1950）	拟合后年代（BC）（68.2%）	备注
ZK – 5721	146—155 轮	树轮木	2900 ±31	1107—1080	
ZK – 5720	136—145 轮	树轮木	2896 ±34	1097—1070	
ZK – 5719	126—135 轮	树轮木	2866 ±36	1087—1060	
ZK – 5718	116—125 轮	树轮木	2924 ±31	1077—1050	
ZK – 5717	106—115 轮	树轮木	2888 ±31	1067—1040	
ZK – 5716	96—105 轮	树轮木	2855 ±31	1057—1030	
ZK – 5715	86—95 轮	树轮木	2906 ±30	1047—1020	
ZK – 5714	76—85 轮	树轮木	2858 ±33	1037—1010	
ZK – 5713	66—75 轮	树轮木	2853 ±31	1027—1000	
ZK – 5712	56—65 轮	树轮木	2830 ±32	1017—990	

　　拟合结果得出最外轮年代为公元前1017—前990，但最外轮树轮之外还有55轮才到边缘。因此棺木砍伐年代应在公元前962—前935以后，相当于沣西张家坡遗址墓葬分期中的第四期。

　　拟合图示：

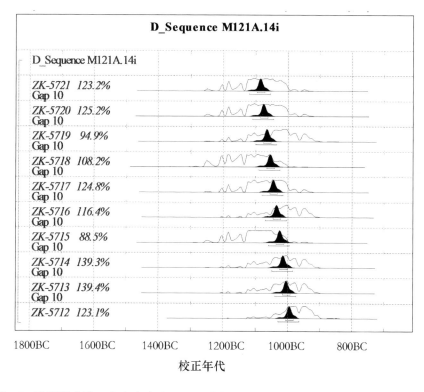

图—6　陕西长安沣西张家坡遗址（SCZ）墓葬 M121 树轮木系列样品测定数据拟合图示

3. M4

　　陕西长安张家坡遗址（SCZ）M4 为西周中期墓葬。北京大学常规 ^{14}C 实验室采集出土棺木作树轮系列样品进行 ^{14}C 测定，并与高精度树轮年代校正曲线匹配拟合，获得最外轮生长年代，最后判别出棺木的砍伐年代。

测定数据：

表 4—13　　陕西长安张家坡遗址（SCZ）墓葬 M4 树轮木系列样品测定数据

实验室编号	树轮数目（由里向外）	测定物质	测量校正后（5568，1950）	δ^{13}C 值（‰）	校正后值（5568，1950）
XSZ047	2—10 轮	树轮木	2845 ±35	-25.40	2839 ±35
XSZ048	11—20 轮	树轮木	2820 ±35	-25.14	2818 ±35
XSZ049	21—30 轮	树轮木	2809 ±30	-25.10	2807 ±30
XSZ050	31—40 轮	树轮木	2821 ±35	-24.93	2822 ±35
XSZ051	41—50 轮	树轮木	2876 ±35	-25.03	2876 ±35
XSZ052	51—60 轮	树轮木	2824 ±30	-24.87	2826 ±30
XSZ053	61—70 轮	树轮木	2834 ±35	-22.40	2876 ±35
XSZ054	71—80 轮	树轮木	2755 ±35	-24.54	2762 ±35
XSZ055	81—90 轮	树轮木	2811 ±35	-24.96	2812 ±35

拟合结果：

表 4—14　　陕西长安张家坡遗址（SCZ）墓葬 M4 树轮木系列样品拟合结果

实验室编号	树轮数目（由里向外）	测定物质	^{14}C 年代数据（5568，1950）	拟合后年代（BC）（68.2%）	备注
XSZ047	2—10 轮	树轮木	2839 ±35	1008—980	
XSZ048	11—20 轮	树轮木	2818 ±35	998—970	
XSZ049	21—30 轮	树轮木	2807 ±30	988—960	
XSZ050	31—40 轮	树轮木	2822 ±35	978—950	
XSZ052	51—60 轮	树轮木	2826 ±30	958—930	
XSZ054	71—80 轮	树轮木	2762 ±35	938—910	
XSZ055	81—90 轮	树轮木	2812 ±35	928—900	

拟合结果得出其最外轮年代为公元前 928—前 900 年，因为外表层已被腐蚀，根据观察，最边缘树轮的生长年代会晚几十年，属于西周中晚期墓葬。

拟合图示：

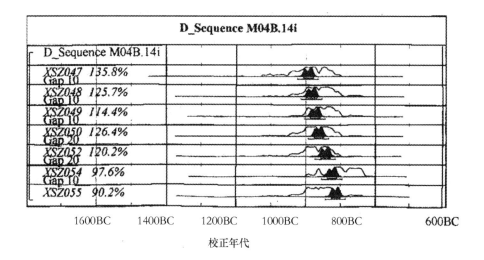

图 4—7　陕西长安张家坡遗址（SCZ）墓葬 M4 树轮木系列样品测定数据拟合图示

（二）陕西长安马王村遗址年代测定和武王克商年代范围的判别

武王克商年代范围的判别，是 ^{14}C 年代测定在"夏商周断代工程"任务中的一个重点，也是我们早在几年前就曾经设定的一个目标。但当时的条件很不成熟，计划的途径很复杂，只能说有一线希望。"夏商周断代工程"启动以后，考古发掘传来喜讯，居然找到了可以代表武王克商年代范围的地层依据，而且采集到交叠层位中适用于 ^{14}C 测定的系列样品。

河南安阳殷墟是商代最晚的王都，北京琉璃河遗址是西周早期燕都所在地。前者时间上不会晚于商，后者则不会早于周，二者衔接时间正好同武王克商年代范围相合。而这两个遗址都经过了长时期的发掘，考古研究相当成熟，前后分期清晰，而且各期都采集了可用 ^{14}C 测定年代的骨质样品。时间跨度大，样品代表性强，非常适用于组成系列，确定出精确度较高的年代范围。

　　我们确定以这样两组系列样品的¹⁴C 测定结果作为武王克商年代范围的判别依据，并且以丰镐遗址出土样品系列的¹⁴C 年代测定为主轴，重点研究。因为具有明确的地层关系，所得结果更为直接，更具重要意义。

　　第一，陕西长安马王村遗址年代测定。

　　1996 年冬中国社会科学院考古研究所丰镐发掘队在陕西省长安县马王村遗址发现了代表西周最早期的遗迹，有灰坑、房址、墓葬等。从出土器物群分析，遗址时代相应从先周晚期、西周早期到西周中、晚期。该遗址地层关系为：探方 T1 第 3 层（即 T1③）叠压在探方 T1 第 4 层（即 T1④）上，即 Tl④则叠压在灰坑 H18 上。图 4—8 为相应地层剖面。房址 F1 填土层与 F1 垫土层与 H18 时代相当。

　　考古发掘内涵证明，灰坑 H18 应属于遗址中最早的文化地层，相当于文王迁都到武王克商以前这段先周最晚时期，有一种估计是仅有短暂的 13 年。房址 F1 垫土层也应属于先周晚期。T1④出土器物表明它正处于先周到西周之交的文化时期（西周初）。T1③为西周中期。这是一组时代特征

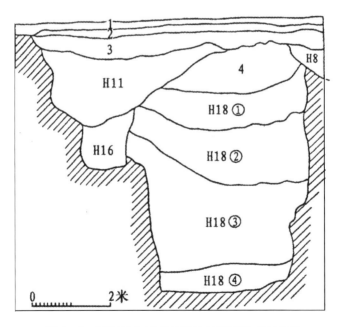

图 4—8　陕西长安马王村遗址(97SCM）T1 西壁

非常明显的连续地层。

H18 坑内堆积分为四小层，从 H18①、H18②、H18③小层中都采集到了可供 ^{14}C 测定的木炭样品，H18②、H18③小层中还采集了炭化小米。木炭样品年代往往偏老，小米是一年生植物，炭化小米年代应更接近于遗址时代。同层炭化小米的年代与木炭样品年代一致，可以确信该系列样品年代的可靠性。T1③、T1④和其他西周早、中、晚期灰坑中也都采集了木炭、骨头等 ^{14}C 测定样品。

从地层来看，武王克商年代处于先周与西周初分界范围以内，即处于 T1④最底层到先周最晚期地层 H18 第①小层之间的时间范围。根据 ^{14}C测定年代数据，经过拟合（组成系列样品进行树轮年代校正）的结果，判别得出武王克商事件最大可能发生的年代范围应在公元前 1050 年至前 1020 年之间。

由于 H18 组样品测定对武王克商年代的判别至关重要，也是中国社会科学院考古研究所 ^{14}C 实验室最早公布的、采用拟合得出的一组数据，所以一开始就非常慎重地进行了深入研究。以后三个 ^{14}C 实验室对测定结果都进行了反复核实、对比，最后又采用多种方法反复验证，并经过不同学科多次交流沟通，最终肯定了最初公布数据的确切性。

测定数据：

表4—15　　　　陕西长安马王村遗址(97SCM) 系列样品测定数据

（中国社会科学院考古研究所 ^{14}C 实验室测定）

实验室编号	样品来源（原编号）	考古分期	测定物质	测量校正后(5568,1950)	苯量（克）	δ^{13}C 值（‰）	校正后值(5568，1950)
ZK - 5724	TIH18②	先周	炭化小米	2598 ±32	6. 6711	- 9. 95	2860 ±33
ZK - 5725	T1H18③	先周	木炭	2900 ±33	6. 7280	- 26. 46	2893 ±34
ZK - 5726	T1H18②	先周	木炭	2928 ±36	5. 0698	- 26. 78	2916 ±37
ZK - 5727	T1H18①	先周	木炭	2830 ±36	5. 1935	- 25. 55	2837 ±37
ZK - 5728	T1④上层	西周初	木炭	2872 ±32	7. 2168	- 27. 12	2854 ±33

续表

实验室编号	样品来源（原编号）	考古分期	测定物质	测量校正后（5568,1950）	苯量（克）	δ^{13}C 值（‰）	校正后值（5568，1950）
ZK – 5729	T1④ – 2 米	西周初	木炭	2928 ±33	6.9517	– 25.70	2925 ±34
ZK – 5730	T1④ – 2.4 米	西周初	木炭	2859 ±32	7.5000	– 25.21	2872 ±33
ZK – 5731	T1H11	西周早	木炭	2891 ±33	6.9082	– 25.69	2896 ±34
ZK – 5732	T1③	西周中	木炭	2808 ±32	7.0082	– 23.69	2845 ±33
ZK – 5733	F1 填土	先周	木炭	2872 ±33	6.7529	– 25.58	2879 ±34

表 4—16　　　陕西长安马王村遗址(97SCM) 系列样品测定数据
（北京大学常规^{14}C 实验室）

实验室编号	样品来源（原编号）	考古分期	物质	测量校正后（5568，1950）	δ^{13}C 值（‰）	校正后值（5568，1950）
XSZ001	T1H18③	先周	木炭	2916 ±32	– 26.62	2890 ±32
XSZ002	T1H18②	先周	木炭	2894 ±35	– 26.83	2865 ±35
XSZ003	T1H18①	先周	木炭	3017 ±32	– 26.13	2999 ±32
XSZ004	T1④	先西之交	木炭	2922 ±35	– 24.55	2929 ±35
XSZ005	T1④底部	先西之交	木炭	2837 ±32	– 25.44	2830 ±32
XSZ006	T1④	先西之交	木炭	2840 ±32	– 26.43	2817 ±32
XSZ008	H11	西周早	木炭	3097 ±32	– 25.55	3088 ±32
XSZ009	H3 底部	西周中	木炭	2872 ±40	– 25.85	2858 ±40
XSZ013	H3	西周中	木炭	2763 ±36	– 25.57	2754 ±36
XSZ031	T1H18②	先周	骨头	2900 ±60	– 23.87	2918 ±60 ~
XSZ032	T1H18①	先周	骨头	2696 ±43	– 16.12	2838 ±43
XSZ034	H8	西周中	骨头	2704 ±70	– 21.41	2761 ±70 ~
XSZ037	T1③	西周中?	骨头	2638 ±35	– 12.93	2831 ±35

注：~参考数据（下同）。

拟合结果：

表4—17　　陕西长安马王村遗址(97SCM) 系列样品测定数据拟合结果

实验室编号	样品来源（原编号）	考古分期	测定物质	^{14}C年代数据（5568，1950）		单个校正年代（BC）(68.2%)	系列校正年代（BC）(68.2%)
Boundary上边界							1200—1070
ZK-5725	T1H18③	先周	木炭	2893□34	2891□33	1130—1010	1115—1040
XSZ001			木炭	2890□32			
ZK-5726	T1H18②		木炭	2916□37	2882□39	1120—1000	1115—1095(16.4)
XSZ031			骨头	2918□60			1090—1030(51.8)
				~			
ZK-5724			炭化小米	2860□33			
XSZ002			木炭	2865□35			
ZK-5727	T1H18①		木炭	2837□37	2837□38	1020—965 (41.0)	1125—1095(14.0)
XSZ032			骨头	2838□43		960—925 (27.2)	1090—1060(21.8)
							1055—1020(32.4)
ZK-5733	F1 填土		木炭	2879□34		1130—1000	1115—1035
Boundary 先周□西周初界面							1052—1008
ZK-5730	T1④-2.4	西周初	木炭	2872□33	2850□33	1050—970 (55.6)	1022—967
XSZ005	T1④底部		木炭	2830□32		960—940 (12.6)	
ZK-5728	T1④上层		木炭	2854□33		1110—1100 (1.4)	1027—978
						1050—930 (66.8)	
ZK-5731	T1 H11		木炭	2896□34		1130—1010	1040—995(65.8)
							985—980(2.4)
ZK-5732	T1③	西周中	木炭	2845□33		1050—930	990—965(22.4)
							960—925(45.8)
XSZ009	H3 底部		木炭	2858□40		1120—1090(4.4)	990—965(22.4)
						1080—970(53.2)	960—920(45.8)
						960—930 (10.6)	
XSZ013	H3		木炭	2754□36		920—830	980—870
XSZ034	H8		骨头	2761□70		1000—820	990—895
Boundary 下边界							940—820

拟合图示:

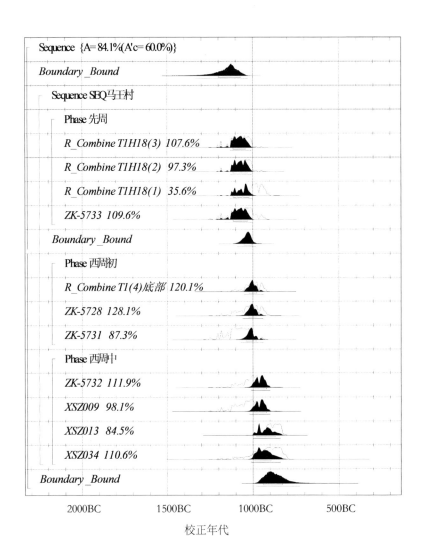

图4—9   陕西长安马王村遗址系列样品测定数据拟合图示

第二，武王克商年代范围判别过程的详情叙述。

1. 样品的采集和分配

遗址发掘工作做得十分认真细致，特别是从 H18 灰坑①、②、③小层中都仔细采集了大量可供 ^{14}C 测定的木炭样品，在②、③小层中还采集了炭化小米。1997 年我们随同考古学家一起观察了发掘现场，收集了一系列出土样品，几乎每个地层都留有样品。因为这是一批具有特殊价值的系列样品，而且数量比较充裕。同时也为了日后各 ^{14}C 实验室数据对比的需要，尽可能将样品一分为三（见表 4—19，本书第 59 页）。部分数量足够用于常规方法的，两个常规实验室平分，唯有 H18②层炭化小米只够考古所实验室使用。AMS 法使用量少，每份样品都留。

2. 测定年代和数据拟合

1997 年底，中国社会科学院考古研究所 ^{14}C 实验室迁入中国科学院生物物理所院内，并开始合作。测定工作逐步进入正常运行状态，测定精度达 3‰。在全面审核并改造的同时，首先进行了树轮系列样品的测试，之后就开始测定马王村遗址出土样品，于 1998 年初获得了测试结果，2 月份开始使用 OxCal 程序做拟合试验。当时的拟合结果倾向于公元前 1050 年以后。由于实验室改造尚在进行之中，为实现高精度测定的各种实验校正需要在实践中不断完善，切合实际的拟合方法也在不断研究之中，为此，反复进行数据审核、校正和拟合方法的研究，一直延续到 1998 年 4 月以后，才比较明确了年代范围在公元前 1040 年左右。当时，北京大学常规 ^{14}C 实验室也处于同一阶段，北京大学 AMS ^{14}C 实验室的改造工作更加艰巨，时间需要更多，因此，公布测定结果延至 1998 年 10 月 4 日——即与北京大学常规 ^{14}C 实验室约定核对数据的前夕。

数据的审核、校正是指各项必要的数值微调，如作淬灭效应校正、本底校正、^{13}C 校正等。例如，原先采用按照国际惯例做近似的 ^{13}C 校正，后改成严格按校正公式，两者相差最大 7 年。如此反复，直到确认 ^{14}C 年代数据精确可靠。

拟合研究是最为艰巨的任务之一。数据的匹配拟合必须满足三个基本要求：^{14}C 数据精确可靠，考古信息准确无误和匹配拟合程序合适可用。我们紧紧围绕这三个方面，找出最佳拟合方案。

　　对 OxCal 程序的适用性，首先请北京大学 AMS ¹⁴C实验室博士后马宏骥同志对程序本身以及应用方法等方面进行了评价和研究。而我们更着重反复研究对考古层位出土样品系列的匹配拟合方法。

　　考古信息，我们依据考古工作者的推断。长安马王村遗址中灰坑H18，代表了从文王迁沣到武王克商后这一短暂时期的堆积。据文献记载，文王迁沣后数年即逝世，武王即位 8 年后举师伐商，数年后过世。因此，H18 延续时间应在 13 年左右，这虽尚未属定论，估计 H18 前后相距时间短暂应该可信。

　　马王村遗址出土的样品都是木炭和少量炭化小米，木炭多是大块木头的一部分，偏老的可能性大。我们在测定时大多注意选用边缘部分，尽量接近树木砍伐年代。小米为一年生植物，年代的代表性较好。H18②、H18③层均出土了炭化小米和木炭，以炭化小米和木炭两组 ¹⁴C 数据比较，如果在误差范围内相合，就增加了木炭 ¹⁴C 数据在系列中的代表性，也可依此排除相应偏老的数据。

　　长安马王村遗址样品系列的考古信息十分确定，层次间不但有明确的叠压关系，而且间隔年代大致可以估计。这在"夏商周断代工程"中极为罕见（其他组合的系列样品往往只有考古分期的依据）。考古上认为 H18虽分成 4 个小层，但年代相差不会悬殊。4 个小层中分别采集的样品，如果堆积是由下而上形成的，四组测定数据仍然可以认为在时序上有先后，适用于组成样品年代间隔可变的系列进行拟合，这样可以获得误差较小、比较精确的年代范围。

　　当时的目的全部集中在找出武王克商的年代范围，最终我们依据SEQ—VSEQ（H18 中 4 个小层样品间年代间隔可变）系列方式做拟合试验，获得的年代范围始终在公元前 1040 左右徘徊。

　　当时采用了 OxCal3.3 版本，树轮校正年代曲线是 1986 年《放射性碳》杂志发表的几条曲线，虽局部稍有不同，总的倾向一致。初次拟合，经验少，国内尚无借鉴，因此费时较多。显然，曲线在公元前 1050 年前面有一高峰，一般难以超越；晚于 1020 年的几率则较小，因此，根据测定数据处理，将年代确定在公元前 1050—前 1020 年间。1998 年 10 月 4 日在"夏商周断代工程"专家组会议上，中国社会科学院考古研究所 ¹⁴C 实验室公布了武王克商年代范围，判别在公元前 1050—前 1020 年。

表 4—18　马王村遗址灰坑 H18 及其相关遗迹常规 ^{14}C 测年数据和拟合结果

考古分期	原编号	测定物质	实验室编号	^{14}C 年代（BP，1950）	拟合后年代（BC，68%）
先周	H18③	木炭	ZK－5725	2893 ±34	1130—1080
	H18②	炭化粟、木炭	ZK－5724 XSZ002	2860 ±33 2865 ±35	1067—1027
	H18①	木炭、骨头	ZK－5727 XSZ032	2837 ±37 2838 ±43	1052—1016
分界年代范围					1050—1020
西周初	T1④－2.4	木炭	ZK－5730	2872 ±33	1040—1002
	T1④上层	木炭	ZK－5728	2854 ±33	1021—980
西周中	T1③	木炭	ZK－5732	2845 ±33	985—930
		骨头	XSZ037	2831 ±35	

3. 三个 ^{14}C 实验室测定数据的核对和对照

1998 年 10 月 4 日，中国社会科学院考古研究所 ^{14}C 实验室公布结果以后，7 日与北京大学常规 ^{14}C 实验室核对了数据。11 月中，北京大学 AMS ^{14}C 实验室初步调试完成，开始测定数据。

采取各实验室分别先后公布数据结果，是为了显示 ^{14}C 测定数据的独立性。考古学界十分重视 ^{14}C 测定的客观性，分别发表，可以明确显示各室之间不存在任何主观交流活动，增加了数据的可信度。

核对结果表明，北京大学常规 ^{14}C 实验室测定数据大部分与中国社会科学院考古研究所 ^{14}C 实验室测定数据相符合，统一进行拟合可以获得同样结果。有个别数据偏离较大，如果参与拟合，则会使数据拟合无法进行，必须剔除。

北京大学 AMS ^{14}C 实验室经过艰苦改造、调试，于 11 月中开始测定，误差控制在 ≥ ±5‰左右。所测数据也同样可以较好符合，最终拟合结果表明武王克商年代范围在公元前 1060—前 1000 年间。

4. 整合和质疑

从 1998 年 10 月 4 日公布年代范围判别结果以后，经过了方方面面的整合和质疑，一直到 2000 年 3 月 23 日最后一次确证武王克商年代范围，两个常规^{14}C实验室得出在公元前 1050—前 1020 之间，北京大学 AMS ^{14}C 实验室则在公元前 1060—前 1000 年之间。2005 年 1 月常规^{14}C实验室又尽可能增加了所测数据，拟合部分作了相应改动，结论不变（见表 4—17）。

三个实验室数据的最后一次整合，主要考虑了它们采用的数据和拟合中考古信息的合理性。

最早由中国社会科学院考古研究所^{14}C实验室采用的 H18 灰坑分成 4 个小层、按年代间隔可变系列校正方法拟合，受到质疑。认为 H18 中所有 4 个小层的年代时序不能加以分辨，应处于同一阶段。因此重新使用不同数据拟合，试验组成的四条拟合曲线分别为：

①全部使用中国社会科学院考古研究所^{14}C实验室测定数据，按原来方式（年代间隔可变）拟合；

②全部是中国社会科学院考古研究所^{14}C实验室测定数据，依据 SEQ—PHASE 方式（H18 中 4 小层样品不予排序）拟合。

③北京大学和中国社会科学院考古研究所两个常规实验室数据混合穿插组成系列，按 SEQ—PHASE 方式拟合。

④北京大学 AMS ^{14}C实验室数据，按 SEQ—PHASE 方式拟合。

第一条是最早采用的前一种拟合方式，后三条是后一种拟合方式。事实上两种方式、前三条拟合曲线，无论是单独采用中国社会科学院考古研究所^{14}C实验室测定数据，还是采用加入北京大学常规^{14}C 实验室测定数据，所得结果都是一致的。北京大学 AMS^{14}C 实验室数据又经过反复多次试验，最后得出结果为公元前 1060—前 1000 年。最终宣布原有结论不变。

采用两种拟合方式，代表了两种考古信息，拟合结果一致，正好说明两种信息的分歧并不显著。AMS 数据范围较宽，可能源于测定误差较大。三个实验室测定数据见对照表（表 4—19）。

表4—19　　马王村遗址灰坑 H18 等出土系列样品^{14}C 测定数据三个实验室对照表

样品来源	中国社会科学院考古研究所常规^{14}C 实验室（与中国科学院生物物理所合作）		北京大学常规^{14}C 实验室		北京大学 AMS^{14}C 实验室	
原编号，分期，物质	编号 ZK -	^{14}C 年代数据（BP）	编号 XSZ	^{14}C 年代数据（BP）	室编号 SA	^{14}C 年代数据（BP）
H18③先周，炭化粟					97029	2850 ± 30
H18②先周，炭化粟	5724	2860 ± 33			97030	2900 ± 30
H18③先周，木炭	5725	2893 ± 34	001	2890 ± 32		
H18②先周，木炭	5726	2926 ± 37	002	2865 ± 35	97002	2905 ± 50
H18②先周，骨头			031	2918 ± 60		
H18①先周，木炭	5727	2837 ± 37	003	2999 ± 32	97003	2895 ± 50
H18①先周，骨头			032	2838 ± 43		
F1 填土先周，炭	5733	2879 ± 34				
T2H7 先周，骨头					97022	2933 ± 37
T1④2.4 西周早，炭	5730	2837 ± 37	005	2830 ± 32	97009	2855 ± 57
T1④2.4 西周早，炭			006	2817 ± 32	97004	2840 ± 53
T1④ - 2 西周早，骨	5729	2925 ± 34	004	2929 ± 35		
T1④上层，西周早，炭	5728	2854 ± 33				
T1H11 西周早，炭	5731	2896 ± 34	008	3088 ± 32	97011	2844 ± 47
T1H16 西周早，骨头					97010	2810 ± 47
T1③西周中，骨			037	2813 ± 35		
T1③西周中，炭	5732	2845 ± 33			97023	2728 ± 47
T1H3 底西周中，炭			009	2858 ± 40	97015	2696 ± 50
T1H3 西周中，炭			013	2754 ± 36	97014	2687 ± 47
T1H8 西周中，骨			034	2761 ± 70	97013	2861 ± 33
T2M8 西周晚骨头					97025	2621 ± 53

相关遗址的测定，以及和其他有关学科间的交叉研究等见下节。

四　殷墟的 ^{14}C 年代测定与拟合

据史书记载和考古学研究，商王朝最后一次迁都至河南安阳殷墟（盘庚迁殷），历时 200 余年，一直到商纣王（帝辛）被周所灭。几十年来殷墟考古的发掘积累了许多有关墓葬的材料，可以分成前后四期，相应的甲骨材料又可以分为前后五期。我们采集了各期墓葬出土人骨系列样品作高精度 ^{14}C 测定和数据匹配拟合处理，可以得出误差较小的各期年代范围。

测定数据：

表 4—20　　　　河南安阳殷墟遗址系列样品测定数据

（中国社会科学院考古研究所 ^{14}C 实验室测定）

实验室编号	样品来源（原编号）	考古分期	测定物质	测量校正后（5568，1950）	苯量（克）	δ^{13}C 值（‰）	校正后值（5568，1950）
ZK－225	安阳后冈杀殉坑		木炭	3008 ±35	5.7159	−24.62	3030 ±33
ZK－358	AXF11（1）	殷墟四期	木炭	2863 ±34	6.0886	−20.70	2948 ±34
ZK－359	AXF11	殷墟四期	木炭	3009 ±35	6.1638	−21.29	3084 ±35
ZK－360			木炭	2976 ±32	5.1141	−23.92	3009 ±32
ZK－5501	ABM199	殷墟一期	人骨	2641 ±35	2.4480	−7.91	2920 ±35
ZK－5511	ABM272	殷墟二期	人骨	2687 ±33	4.4460	−8.07	2964 ±33
ZK－5513	ABM362	殷墟二期	人骨	2608 ±28	6.4738	−7.80	2889 ±28
ZK－5515	ABM44	殷墟二期	人骨	2520 ±37	2.1113	−8.02	2797 ±37
ZK－5521	ABM82	殷墟二期	人骨	2625 ±32	4.7615	−7.71	2908 ±32
ZK－5523	ABM451	殷墟二期	人骨	2723 ±37	1.7692	−8.43	2994 ±37
ZK－5525	ABM3	殷墟三期	人骨	2614 ±37	2.1168	−8.55	2882 ±37
ZK－5529	ABM60	殷墟三期	人骨	2654 ±35	2.3644	−6.85	2951 ±35
ZK－5533	ABM200	殷墟三期	人骨	2502 ±37	2.1274	−7.79	2783 ±37
ZK－5534	ABM296	殷墟三期	人骨	2566 ±35	3.9306	−6.45	2870 ±35
ZK－5538	ABM441	殷墟三期	人骨	2644 ±37	1.6134	−6.05	2954 ±37
ZK－5543	ABM156	殷墟三期	人骨	2700 ±34	4.1479	−7.69	2983 ±34
ZK－5546	ABM33	殷墟三期	人骨	2260 ±92		−7.60	2544 ±92
ZK－5551	ABM23	殷墟四期	人骨	2646 ±31	6.3664	−8.69	2912 ±31
ZK－5558	ABM432	殷墟四期	人骨	2622 ±33	5.4491	−8.46	2892 ±33
ZK－5559	ABM477	殷墟四期	人骨	2614 ±35	4.7209	−7.47	2900 ±35

续表

实验室编号	样品来源（原编号）	考古分期	测定物质	测量校正后（5568，1950）	苯量（克）	δ^{13}C 值（‰）	校正后值（5568，1950）
ZK－5565	ABM752	殷墟二期	人骨	2871 ±37	5.6118	－6.76	3080 ±37
ZK－5571	ABM672	殷墟四期	人骨	2687 ±36	2.9614	－6.26	2994 ±36
ZK－5572	ABM693	殷墟四期	人骨	2651 ±35	5.1915	－7.18	2942 ±35
ZK－5578	AWM389	殷墟三期	人骨	2642 ±35	4.5175	－7.00	2937 ±35
ZK－5579	AWM396	殷墟三期	人骨	2659 ±35	5.1948	－6.51	2962 ±35
ZK－5580	AWM415	殷墟三期	人骨	2703 ±37	2.4760	－5.88	3016 ±37
ZK－5581	AWM395	殷墟三期	人骨	2658 ±37	2.9585	－6.16	2966 ±37
ZK－5582	AWM398	殷墟三期	人骨	2592 ±35	3.5440	－6.95	2888 ±35
ZK－5585	ASM6	三家庄期	人骨	2899 ±38	2.5338	－7.26	3189 ±38
ZK－5586	ASM1	三家庄期	人骨	2752 ±35	3.2336	－7.97	3030 ±35
ZK－5587	ADM1278	殷墟三期	人骨	2591 ±35	6.0210	－8.78	2856 ±35
ZK－5588	ADM1281	殷墟三期	人骨	2678 ±35	4.8739	－8.01	2956 ±35
ZK－5590	ALM875	殷墟三期	人骨	2640 ±35	6.0201	－7.03	2935 ±35
ZK－5592a	ALM878	殷墟三期	人骨	2651 ±35	6.1920	－7.03	2946 ±35
ZK－5593	ALM879	殷墟三期	人骨	2890 ±34	6.5611	－7.34	3179 ±34
ZK－5595	AHT3③	早于殷墟一期	兽骨	2726 ±42	1.0625	－6.90	3039 ±42
ZK－5597	AHT4⑤	白家庄期（二上二）	兽骨	2811 ±36	2.5781	－6.88	3124 ±36
ZK－5598	AHT4⑥	白家庄期（二上二）	兽骨	2965 ±37	2.4293	－10.11	3224 ±37
ZK－55103（5599a）	ALM988		人骨	2634 ±39	1.6604	－7.54	2919 ±39
ZK－55104（5599b）	ALM1046		人骨	2695 ±34	5.4693	－7.69	2978 ±34
55106（5599d）	AHT14H23		骨头	2718 ±44	1.0999	－10.35	2957 ±44
55108（5599f）	AHT14⑤		骨头	2824 ±38	1.6244	－11.06	3051 ±38
5109（5599g）	AHT14H24		骨头	2824 ±38	1.8276	－10.43	2997 ±38

注：代号：AB—白家坟；AD—大司空村；AH—洹北花园庄；AL—刘家庄；AS—三家庄；AW—王裕口；AX—小屯。

表4—21　　　　　　　河南安阳殷墟遗址系列样品测定数据

（北京大学常规^{14}C 实验室）

实验室编号	样品来源（原编号）	考古分期	测定物质	测量校正后（5568，1950）	δ^{13}C 值（‰）	校正后值（5568，1950）
XSZ085	M701	殷墟四期	人骨	2682 ±45	− 12.05	2890 ±45
XSZ083	M705	殷墟四期	人骨	2748 ±55	− 19.81	2831 ±55—

拟合结果：

表4—22　　河南安阳殷墟—北京琉璃河两遗址系列样品测定数据和联合拟合结果

实验室编号	样品来源（原编号）	考古分期	测定物质	^{14}C 年代数据（5568，1950）	单个样品校正年代（BC，68.2%）	系列样品校正年代（BC，68.2%）
Boundary 上边界						1340—1260
ZK – 5586	AHM9		人骨	3030 ±35	1380—1330(19.8) 1320—1250(39.2) 1240—1210(9.2)	1305—1250(58.5) 1235—1220(9.7)
ZK – 5595	AHT3③	殷墟一期	兽骨	3039 ±42	1390—1250(61.6) 1240—1210(6.6)	1310—1250(59.6) 1235—1220(8.6)
ZK – 5501	ABM199		人骨	2920 ±35	1210—1200(4.0) 1190—1040(63.2) 1030—1020(1.0)	1290—1280(3.8) 1265—1235(64.4)
ZK – 5511	ABM272		人骨	2964 ±33	1260—1120	1255—1195
ZK – 5523	ABM451	殷墟二期	人骨	2994 ±37	1370—1360(0.7) 1310—1120(67.5)	1250—1205(61.7) 1200—1190(6.5)
ZK – 5521	ABM82		人骨	2908 ±32	1290—1180(3.8) 1150—1140(3.0) 1130—1010(61.3)	1255—1235(28.1) 1215—1195(35.1) 1190—1180(4.9)
ZK – 5578	AWM389		人骨	2937 ±35	1260—1240(4.3) 1220—1050(63.9)	1195—1105
ZK – 5579	AWM396	殷墟三期	人骨	2962 ±35	1260—1120	1200—1125
ZK – 5581	AWM395		人骨	2966 ±37	1270—1120	1200—1125
ZK – 5582	AWM398		人骨	2888 ±35	1130—1000	1190—1170(7.6) 1160—1140(6.3) 1130—1080(54.3)

续表

实验室 编号	样品来源 （原编号）	考古 分期	测定 物质	^{14}C 年代数据 （5568，1950）	单个样品校正年代 （BC，68.2%）	系列样品校正年代 （BC，68.2%）
ZK－5587	ADM1278		人骨	2856 ±35	1110—1100(2.7) 1070—970(53.6) 960—930(11.9)	1190—1180(3.9) 1130—1080(64.3)
ZK－5588	ADM1281		人骨	2956 ±35	1260—1230(14.5) 1220—1110(52.6) 1100—1090(1.1)	1205—1120
ZK－5590	ALM875		人骨	2935 ±35	1260—1240(2.5) 1220—1040(65.7)	1190—1095
ZK－5592a	ALM878		人骨	2946 ±35	1260—1230(8.8) 1220—1110(49.7) 1100—1080(6.4) 1070—1050(3.3)	1195—1110
ZK－5525	ABM3	殷墟 三期	人骨	2882 ±37	1130—1000	1190—1170(7.2) 1160—1140(7.0) 1130—1080(54.0)
ZK－5543	ABM156		人骨	2983 ±34	1300—1120	1200—1125
ZK－5538	ABM441		人骨	2954 ±37	1260—1230(13.0) 1220—1110(49.9) 1100—1080(3.5) 1060—1050(1.8)	1195—1110
ZK－5529	ABM60		人骨	2951 ±35	1260—1230(11.5) 1220—1110(50.1) 1100—1080(4.3) 1060—1050(2.3)	1200—1110
ZK－5534	ABM296		人骨	2870 ±35	1130—970	1190—1180(4.5) 1150—1140(2.7) 1130—1080(61.0)
XSZ085	M701	殷墟 四期	人骨	2890 ±45	1190—1180(2.7) 1150—1140(1.8) 1130—1000(63.7)	1084—1040
ZK－5572	ABM693		人骨	2942 ±35	1260—1240(7.0) 1220—1110(49.1) 1100—1080(8.1) 1070—1050(4.1)	1089—1048

实验室编号	样品来源（原编号）	考古分期	测定物质	¹⁴C 年代数据（5568，1950）	单个样品校正年代（BC，68.2%）	系列样品校正年代（BC，68.2%）
ZK – 5551	ABM23		人骨	2912 ±31	1210—1200（1.0） 1190—1170（5.0） 1160—1140（4.7） 1130—1040（56.7） 1030—1020（0.9）	1088—1045
ZK – 5559	ABM477	殷墟四期	人骨	2900 ±35	1190—1180（1.9） 1130—1010（66.3）	1088—1040
ZK – 5558	ABM432		人骨	2892 ±33	1130—1010	1085—1040
ZK – 358	AXF11（1）		木炭	2948 ±34	1260—1230（10.1） 1220—1110（50.2） 1110—1080（5.1） 1060—1050（2.8）	1090—1048
Boundary 殷墟—琉璃河遗址年代交界处						1049—1018

注：代号：AB—白家坟；AD—大司空村；AH—洹北花园庄；AL—刘家庄；AS—三家庄；AW—王裕口；AX—小屯。

对照殷墟年龄段所处的树轮年代校正曲线呈密集多齿形，一般方法确实很难判断其分期的年代范围，但从样品数据的统计规律分析，依然可以客观分辨出来。我们遵循客观分析方法，得出了较为满意的结果。首先仔细采集适用的骨质样品，考古分期明确，精确测定了十多个样品，拟合过程中剔除了几个（约 5 个）不合格数据，发现全由于测定过程中的疏漏和样品本身问题，但最后拟合结果仍然可以接受。为此重新补充了 7 个样品，全部适用，拟合结果相当满意。以后多次微调，或补充数据，或改变使用版本，都没有出现异常。最后所得结果受到考古学界认同，应该说，我们所采用的方法是客观的，结果是可信的。

拟合图示：

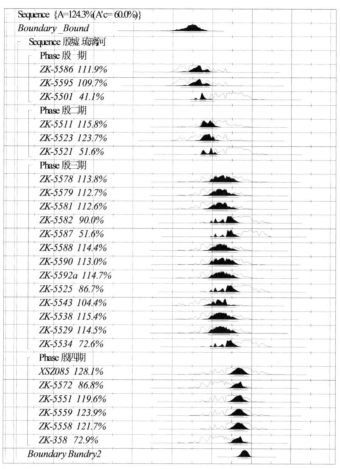

图4—10　河南安阳殷墟遗址系列样品测定数据拟合图示

五　二里岗上层一期的水井井框圆木系列样品测定与拟合

在河南郑州商城遗址中，属于二里岗上层一期的水井出土保存完好的井框圆木，原编号为98ZST1J3S2。采集作树轮系列样品进行^{14}C测定，并与高精度树轮年代校正曲线匹配拟合，获得最外轮生长年代，最后判别水井建造年代。

测定数据：

表4—23   郑州商城遗址(98ZS) 水井井框圆木树轮系列样品测定数据

实验室编号	树轮轮数 （由内向外）	测定物质	测量校正后 (5568，1950)	苯量 （克）	δ^{13}C 值 （‰）	校正后值 (5568，1950)
ZK – 5354j	61—70 轮	树轮木	3175 ±35	6.2168	– 22.16	3236 ±36
ZK – 5354i	71—80 轮	树轮木	2765 ±32	5.3224	– 22.31	2824 ±33
ZK – 5354h	81—90 轮	树轮木	3112 ±36	6.1359	– 20.85	3194 ±37
ZK – 5354g	91—100 轮	树轮木	3117 ±34	6.0236	– 21.64	3186 ±35
ZK – 5354f	101—100 轮	树轮木	3090 ±35	6.2692	– 21.84	3156 ±36
ZK – 5354e	111—120 轮	树轮木	3131 ±35	6.1366	– 21.72	3199 ±36
ZK – 5354d	121—130 轮	树轮木	3105 ±35	6.1511	– 20.57	3191 ±36
ZK – 5354c	131—140 轮	树轮木	3042 ±33	5.5217	– 21.43	3115 ±34
ZK – 5354b	141—150 轮	树轮木	3014 ±34	6.4599	– 21.21	3091 ±35
ZK – 5354a 最外轮	151—160 轮	树轮木	3044 ±35	6.1175	– 23.45	3085 ±36

样品采自河南遗址(电力学校) 探方 T1，3 号井南壁，2 号井框圆形木，原编号：98ZST1J3S2，属二里岗上层文化一期。

拟合结果：

表4—24   郑州商城遗址(98ZS) 水井井框圆木树轮系列样品测定数据拟合结果

实验室编号	树轮轮数 （由内向外）	测定物质	^{14}C 年代数据 (5568，1950)	拟合后年代 （BC）（68.2%）	备注
ZK – 5354j	61—70 轮	树轮木	3236 ±36	1497—1480	
ZK – 5354h	81—90 轮	树轮木	3194 ±37	1477—1460	
ZK – 5354g	91—100 轮	树轮木	3186 ±35	1467—1450	
ZK – 5354f	101—100 轮	树轮木	3156 ±36	1457—1440	
ZK – 5354e	111—120 轮	树轮木	3199 +36	1447—1430	
ZK – 5354d	121—130 轮	树轮木	3191 ±36	1437—1420	
ZK – 5354c	131—140 轮	树轮木	3115 ±34	1427—1410	
ZK – 5354b	141—150 轮	树轮木	3091 ±35	1417—1400	
ZK – 5354a	151—160 轮	树轮木	3085 ±36	1407—1390	最外轮

最外轮年代为公元前1400±8，即公元前1407—前1390年，这应代表该井的建造年代。

拟合图示：

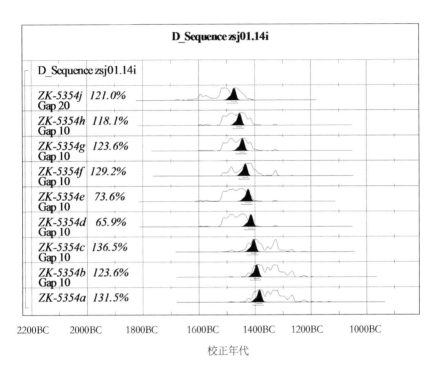

图4—11　郑州商城遗址（98ZS）水井井框圆木树轮系列样品测定数据拟合图示

六　郑州商城遗址洛达庙—二里岗文化系列样品的^{14}C年代测定与拟合

河南郑州商城遗址考古发掘地层由下而上依次分为：二里岗下层一期，下层二期，上层一期，上层二期。二里岗下层一期叠压在洛达庙晚期遗存之上。其中上层一期的年代与上层一期水井的年代正好符合。之后，我们采集了从洛达庙中期、晚期、二里岗下层一期……一直到上层二期的有地层叠压关系的各层样品作^{14}C测定并匹配拟合，结果得出郑州商城始建年代应在公元前1500年前后。

测定数据：

表 4—25   河南郑州商城遗址（ZSC8II）系列样品测定数据

（中国社会科学院考古研究所¹⁴C 实验室测定）

实验室编号	样品来源（原编号）	考古分期	测定物质	测量校正后（5568，1950）	苯量（克）	$\delta^{13}C$ 值（‰）	校正后值（5568，1950）
ZK - 5350	ZSC8IT25H6	二下二期	木炭	2963 ±38	2.1108	- 24.54	2986 ±38
ZK - 5351	ZSC8IT25F1	二下一期	木炭	3088 ±44	3.4674	- 22.94	3136 ±44
ZK - 5352	ZZG1	二下二期	木炭	3106 ±36	5.4576	- 25.31	3118 ±36
ZK - 5353	ZZH12	二上二期	木炭	3062 ±34	6.3889	- 23.96	3094 ±34
ZK - 5360	ZZG1	二下二期	兽骨	2951 ±34	4.5310	-	±
ZK - 5361	ZZG3	二下二期	兽骨	3004 ±33	5.7646	-	±
ZK - 5366	ZSC8IIT201H2	二上二期	兽骨	2876 ±34	3.6460	- 10.05	3136 ±34
ZK - 5368	ZSC8IIT201H69	二上一期	兽骨	2863 ±34	3.6941	- 9.63	3130 ±34
ZK - 5369	ZSC8IIT201H105	二下二期	兽骨	2914 ±36	2.7570	- 7.17	3221 ±36
ZK - 5370	ZSC8IIT159	二下一期	兽骨	2894 ±41	1.2519	- 8.83	3174 ±41
ZK - 5371	ZSC8IIT166G2	二下一期	兽骨	3012 ±35	3.5243	- 10.72	3261 ±35
ZK - 5372	ZSC8IIT159H17	二上二期	兽骨	2800 ±38	1.5616	- 11.85	3030 ±38
ZK - 5373	ZSC8IIT203H56	二下一期	兽骨	2930 ±37	2.6219	- 9.31	3202 ±37
ZK - 5375	ZSC8IIT268H68	洛达庙晚期	兽骨	2953 ±32	4.4062	- 9.47	3232 ±32
ZK - 5377	ZSC8IIT261H21	二下一期	兽骨	2855 ±55	0.7870	- 10.34	3111 ±55
ZK - 5378	ZSC8IIT261H28	洛达庙晚期	人骨	2928 ±38	1.8865	- 10.56	3164 ±38
ZK - 5379	ZSC8IIT261⑥	洛达庙晚期	兽骨	3075 ±36	2.5432	- 10.20	3333 ±36
ZK - 5380	ZSC8IIT265H56	洛达庙晚期	兽骨	3038 ±34	5.4426	- 10.06	3298 ±34
ZK - 5381	ZSC8IIT268H58	洛达庙中期	兽骨	3014 ±37	2.0509	- 10.30	3270 ±37
ZK - 5383	ZSC8IIT264H80	洛达庙中期	兽骨	3011 ±37	2.1410	- 9.82	3275 ±37

表4—26　　　河南郑州商城遗址（ZSC8Ⅱ）系列样品测定数据

（北京大学常规^{14}C 实验室）

实验室编号	样品来源（原编号）	考古分期	测定物质	测量校正后（5568，1950）	δ^{13}C 值（‰）	校正后值（5568，1950）
XSZ081（ZK－5353）	ZZH12	二上二期	木炭	3073 ±37	－25.74	3061 ±37
XSZ092	T65H1	？期	骨头	2940 ±36	－14.85	3103 ±35
XSZ144	T202H60	二下二期	骨头	3003 ±35	－13.68	3184 ±35
XSZ145	T234H8	二上一期	骨头	2949 ±35	－13.08	3140 ±35
XSZ146	T234G3	二上一期	骨头	2970 ±37	－14.49	3138 ±37
XSZ148	T159G1	二下二期	骨头	3085 ±35	－9.40	3335 ±35
XSZ141	T202G1	二上一期	骨头	2930 ±48	－12.81	3125 ±48
XSZ142a	T155G3	二里头四期	骨头	3072 ±36	－9.57	3319 ±36
XSZ142b	T155G3	二里头四期	骨头	3103 ±36	－13.03	3311 ±36
XSZ143	T207 夯土墙	二下一期	骨头	2979 ±35	－10.33	3213 ±35

拟合结果：

表4—27　　河南郑州商城遗址（ZSC8Ⅱ）系列样品测定数据拟合结果

实验室编号	样品来源（原编号）	考古分期	测定物质	^{14}C 年代数据（5568，1950）	单个样品校正年代（BC，68.2%）	系列样品校正年代（BC，68.2%）
Boundary 上边界						1685—1580
ZK－5381	ZSC8ⅡT265H58	洛达庙中期	兽骨	3270 ±37	1620—1490	1616—1572
ZK－5383	ZSC8ⅡT264H80		兽骨	3275 ±37	1620—1510	1616—1572
XSZ142	ZSC8ⅡT155G3		兽骨	3311 ±36	1680—1570（1.3） 1630—1520（66.9）	1568—1522
ZK－5379	ZSC8ⅡT261⑥		兽骨	3333 ±36	1690—1580（45.0） 1570—1520（23.2）	1567—1525
ZK－5378	ZSC8ⅡT261H28	洛达庙晚期	人骨	3164 ±38	1500—1470（17.1） 1460—1400（51.1）	1520—1488
ZK－5375	ZSC8ⅡT268H68		兽骨	3232 ±32	1525—1445	1575—1565（1.8） 1530—1485（66.4）
ZK－5380	ZSC8ⅡT265H56		兽骨	3298 ±34	1615—1520	1575—1520

续表

实验室编号	样品来源（原编号）	考古分期	测定物质	¹⁴C 年代数据（5568, 1950）	单个样品校正年代（BC, 68.2%）	系列样品校正年代（BC, 68.2%）
Boundary，洛达庙晚期至二下一期界面						1509—1479
ZK - 5371	ZSC8IIT166G2	二下一	兽骨	3261 ±35	1610—1550（30.0） 1540—1490（38.3） 1480—1450（9.8）	1499—1493（7.0） 1481—1453（61.2）
ZK - 5373	ZSC8IIT203H56		兽骨	3202 ±37	1515—1430	1490—1452
ZK - 5370	ZSC8IIT159		兽骨	3174 ±41	1500—1405	1490—1453
ZK - 5369	ZSC8IIT201H105		兽骨	3221 ±36	1520—1440	1459—1431
XSZ144	ZSC8IIT202H60	二下二期	兽骨	3184 ±35	1500—1410	1456—1427
XSZ147	ZSC8IIT236H156		兽骨	3148 ±35	1490—1470（6.8） 1450—1390（57.4） 1330—1320（4.0）	1451—1421
ZK - 5368	ZSC8IIT201H69		兽骨	3130 ±34	1440—1370（55.9） 1340—1310（12.3）	1426—1392
XSZ145	ZSC8IIT234H8	二上一期	兽骨	3140 ±35	1490—1480（3.5） 1450—1380（56.6） 1340—1320（8.1）	1428—1396
XSZ146	ZSC8IIT234G3		兽骨	3138 ±37	1490—1480（3.6） 1450—1380（55.1） 1340—1320（9.4）	1427—1393
XSZ141	ZSC8IIT202G1		兽骨	3125 ±48	1490—1480（2.3） 1450—1370（48.7） 1360—1310（17.2）	1427—1390
ZK - 5366	ZSC8IIT201H2		兽骨	3136 ±34	1490—1480（1.2） 1440—1380（56.6） 1340—1320（10.4）	1400—1370（37.2） 1340—1315（31.0）
ZK - 5372	ZSC8IIT159H17	二上二期	兽骨	3030 ±38	1380—1330（20.4） 1320—1250（37.1） 1240—1210（10.8）	1380—1260
ZK - 5353 XSZ081	ZZH12		木炭	3077 ±34（均值）	1410—1310（65.7） 1280—1260（2.5）	1395—1315
Boundary 下边界						1365—1270

拟合图示：

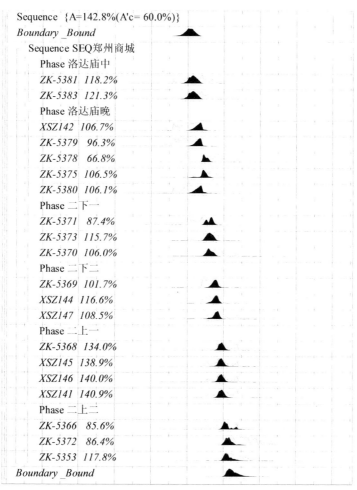

Sequence {A=142.8%(A'c= 60.0%)}
Boundary _Bound
  Sequence SEQ郑州商城
   Phase 洛达庙中
    ZK-5381 118.2%
    ZK-5383 121.3%
   Phase 洛达庙晚
    XSZ142 106.7%
    ZK-5379 96.3%
    ZK-5378 66.8%
    ZK-5375 106.5%
    ZK-5380 106.1%
   Phase 二下一
    ZK-5371 87.4%
    ZK-5373 115.7%
    ZK-5370 106.0%
   Phase 二下二
    ZK-5369 101.7%
    XSZ144 116.6%
    XSZ147 108.5%
   Phase 二上一
    ZK-5368 134.0%
    XSZ145 138.9%
    XSZ146 140.0%
    XSZ141 140.9%
   Phase 二上二
    ZK-5366 85.6%
    ZK-5372 86.4%
    ZK-5353 117.8%
Boundary _Bound

2600BC 2400BC 2200BC 2000BC 1800BC 1600BC 1400BC 1200BC 1000BC 800BC
校正年代

图4—12 河南郑州商城遗址（ZSC8II）系列样品测定数据拟合图示

二里岗上层一期所得结果与水井圈木所得结果相符。

七 偃师商城¹⁴C 年代测定与拟合

河南偃师商城遗址有外城、内城和宫城，外城西南城墙叠压在内城墙之上，城内发现有宫殿群基址。考古地层划分为三期六段，各期段分别采样测定。

测定数据：

表4—28　　河南偃师商城遗址(97—98YS) 系列样品测定数据
（中国社会科学院考古研究所¹⁴C 实验室测定）

实验室编号	样品来源（原编号）	考古分期	测定物质	测量校正后(5568, 1950)	苯量（克）	δ¹³C 值（‰）	校正后值(5568, 1950)
ZK－5400	IVT31H120—18 下	四段	木炭	3175 ±48	2.6992	—	3191 ±48
ZK－5402	IVT32HG2	三段	木炭	3221 ±37	4.8960	—	3237 ±37
ZK－5403	IVT03H179（水井）	四段	兽骨	2973 ±31	5.9041	－11.96	3201 ±31
ZK－5411	IIT11M25	四段	人骨	2851 ±32	6.2130	－8.48	3120 ±32
ZK－5412	IIT11M27	四段	兽骨	2918 ±31	6.1130	－7.29	3207 ±31
ZK－5413	IIT11M27	四段	人骨	2922 ±40	2.9169	－10.03	3183 ±40
ZK－5415	VIIT28⑥	四段	兽骨	2862 ±35	2.7596	－9.59	3130 ±35
ZK－5416	VIIT28⑨	一段	兽骨	2945 ±34	4.3379	－9.20	3219 ±34
ZK－5417	VIIT28⑩	一段	兽骨	2975 ±36	5.8440	－10.94	3220 ±36
ZK－5421	IIT11M31	四段	人骨	2912 ±36	2.9457	－7.08	3206 ±36
ZK－5424	VIIT28⑧	二段	兽骨	2982 ±34	3.5212	－9.41	3252 ±34
ZK－5425	J1D2T0403H27	五段	木炭	3312 ±34	6.2616	－25.59	3319 ±34
ZK－5427	J1D2T0403H26	? 段	木炭	3243 ±33	6.6877	－24.37	3269 ±33
ZK－5434	3#，东侧门道西侧柱洞	二段	木炭	3342 ±36	2.5782	－22.83	3393 ±36
ZK－5435	J1D2T1009 扩方	? 段	木炭	3138 ±34	3.9071	－23.49	3178 ±34
ZK－5436	J1D2T1010 白色路土	二段	木炭	3181 ±34	3.9035	－23.70	3218 ±34
ZK－5440	T0602H96（灰沟）	一段	炭泥	3013 ±33	5.7237	－23.57	3052 ±33
ZK－5441	J1D1T0502④下垫土	一、二段	木炭	3247 ±34	4.0407	－23.48	3287 ±34
ZK－5442	J1D1T0301H94	一期二段	木炭	3141 ±48	1.0134	－24.93	3158 ±48

续表

实验室编号	样品来源（原编号）	考古分期	测定物质	测量校正后（5568，1950）	苯量（克）	δ¹³C值（‰）	校正后值（5568，1950）
ZK－5444	J1D1T0103 二号正殿柱洞	一、二段	木炭	3274 ±35	6.5336	－24.60	3296 ±35
ZK－5447	VIIT0200H19 晚期宫城西墙	一期二段	木炭	3140 ±37	2.8849	－25.39	3150 ±37
ZK－5449	J1D2 垫土①	五段	木炭	3035 ±33	4.9981	－24.08	3066 ±33
ZK－5451	J1D2G1	五段	木炭	3049 ±34	6.3981	－25.75	3053 ±34
ZK－5452	J1D 路土①	五段	木炭	3109 ±37	4.4905	－24.93	3126 ±37
ZK－5453	IV 小城 T54G1	二段	木炭	3250 ±36	2.5820	－25.47	3258 ±36

表4—29　　　　河南偃师商城遗址（YS）系列样品测定数据

（北京大学常规¹⁴C 实验室）

实验室编号	样品来源（原编号）	考古分期	测定物质	测量校正后（5568，1950）	δ¹³C值（‰）	校正后值（5568，1950）
XSZ074	J1D2T0403H27	五段	木炭	3341 ±36	－25.59	3332 ±36
XSZ075	J1D2 柱洞中	二段	木炭	3392 ±36	－25.11	3390 ±36
XSZ076	J1D2T0512 排水道	六段	木炭	3486 ±57	－26.47	3462 ±57 ~

拟合结果：

表4—30　　　　河南偃师商城遗址（YS）系列样品测定数据拟合结果

实验室编号	样品来源（原编号）	考古分期	测定物质	¹⁴C 年代数据（5568，1950）	单个样品校正年代（BC，68.2%）	系列样品校正年代（BC）（68.2%）
Boundary 上边界						1530—1490(61.1) 1485—1470(7.1)
ZK－5417	VIIT28⑩	一段	兽骨	3220 ±36	1520—1440	1520—1488(56.4) 1485—1470(18.1)
ZK－5416	VIIT28⑨		兽骨	3219 ±34	1520—1440	1519—1488(56.2) 1480—1471(12.0)

续表

实验室编号	样品来源（原编号）	考古分期	测定物质	^{14}C 年代数据（5568，1950）	单个样品校正年代（BC，68.2%）	系列样品校正年代（BC）（68.2%）
ZK－5424	VIIT28⑧	二段	兽骨	3252 ±34	1600—1560（19.8） 1530—1490（30.8） 1480—1450（17.6）	1502—1490（19.0） 1480—1456（49.2）
ZK－5453	小城 T54G1		木炭	3258 ±36	1610—1550（26.9） 1540—1490（28.8） 1480—1450（12.5）	1503—1490（19.8） 1480—1455（48.4）
ZK－5447	VIIT0200H19晚期宫城西墙		木炭	3150 ±37	1500—1470（8.4） 1460—1390（56.1） 1330—1320（3.7）	1494—1454
ZK－5436	J1D2T1010 白色路土		木炭	3218 ±34	1520—1440	1497—1456
ZK－5402	IVT32HG2	三段	木炭	3237 ±37	1525—1435	1472—1444
ZK－5442	T0301H94		木炭	3158 ±48	1500—1390（65.2） 1330—1320（3.0）	1472—1441
ZK－5412	IIT11M27	四段	兽骨	3207 ±31	1515—1435	1456—1427
ZK－5421	IIT11M31③		人骨	3206 ±36	1515—1435	1455—1425
ZK－5403	IVT03H179（水井）		兽骨	3201 ±31	1500—1430	1456—1425
ZK－5400	IVT31H120—H118 下		木炭	3191 ±48	1515—1425	1440—1415
ZK－5413	IIT11M27⑦A		人骨	3183 ±40	1500—1410	1448—1415
ZK－5415	VIIT28⑥		兽骨	3130 ±35	1440—1370（55.7） 1340—1310（12.5）	1436—1405
ZK－5411	IIT11M25	五段	人骨	3120 ±32	1430—1370（53.5） 1340—1310（14.7）	1432—1404
ZK－5452	J1D1 路土①		木炭	3126 ±37	1440—1370（54.6） 1340—1310（13.6）	1414—1388
ZK－5451	J1D1G1		木炭	3053 ±34	1390—1260	1410—1382
Boundary 下边界						1406—1371

拟合图示：

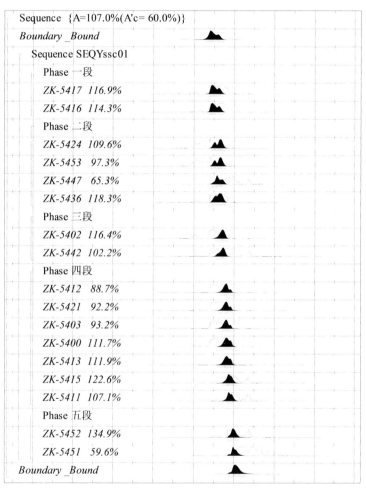

图 4—13　河南偃师商城遗址（YS）系列样品测定数据拟合图示

八　偃师二里头遗址二里头文化与二里岗 文化系列样品的测定与拟合

河南偃师二里头遗址考古地层划分为五期，其中一至四期为二里头文化，五期为二里岗文化。各期分别采样测定。

测定数据：

表 4—31　　　　河南偃师二里头遗址（97YL）系列样品测定数据
（中国社会科学院考古研究所^{14}C 实验室测定）

实验室编号	样品来源（原编号）	考古分期	测定物质	测量校正后（5568，1950）	苯量（克）	δ^{13}C 值（‰）	校正后值（5568，1950）
ZK－5200	VT1⑨	三期	木炭	3324 ±35	2.6411	－ 24.80	3343 ±35
ZK－5202	VT1H2	五期	木炭	3156 ±34	6.5824	－ 25.77	3160 ±34
ZK－5206	VT2（11）	一期	木炭	3405 ±33	4.8130	－ 25.91	3406 ±33
ZK－5209	VT2⑨A	二期	木炭	3369 ±34	6.4018	－ 25.66	3374 ±34
ZK－5210	VT6H53	二期	木炭	3198 ±37	2.2490	－ 25.04	3213 ±34
ZK－5215	VT2⑤	五期	木炭	3181 ±34	6.1705	－ 25.00	3197 ±34
ZK－5221	VT3H59	一期	兽骨	3131 ±36	4.4832	－ 12.33	3353 ±36
ZK－5222	VT3⑧	二期	木炭	3220 ±34	6.3855	－ 24.33	3247 ±34
ZK－5224	VT3②	五期	木炭	3092 ±33	6.3739	－ 22.91	3141 ±33
ZK－5226	VT4H46	二期	木炭	3428 ±36	3.0001	－ 26.06	3407 ±36
ZK－5227	VT4H54	二期	木炭	3337 ±34	4.5259	－ 26.64	3327 ±34
ZK－5228	VT4⑥A	二期	木炭	3300 ±34	5.3104	－ 24.85	3318 ±34
ZK－5229	VT4⑤A	四期	木炭	3289 ±36	2.4349	－ 25.04	304 ±36
ZK－5236	VT6H53	二期	木炭	3299 ±35	5.8965	－ 26.29	3294 ±35
ZK－5242a	VT6	四期	木炭	3246 ±32	6.2007	－ 24.47	3270 ±32
ZK－5242b	VT6	四期	木炭	3320 ±33	4.9893	－ 24.10	3350 ±33
ZK－5243	VT1④	五期	兽骨	3053 ±35	3.2200	－ 12.45	3273 ±35
ZK－5244	VT1H48	二期	兽骨	3136 ±36	2.4788	－ 12.49	3348 ±36
ZK－5245	VT2③B	五期	兽骨	2990 ±36	2.0816	－ 10.31	3245 ±36
ZK－5246	VT6（12）A	三期	兽骨	3220 ±36	2.6490	－ 14.76	3402 ±36

续表

实验室 编号	样品来源 （原编号）	考古 分期	测定 物质	测量校正后 （5568，1950）	苯量 （克）	$\delta^{13}C$值 （‰）	校正后值 （5568，1950）
ZK－5247	VT6（12）B	三期	兽骨	3119 ±39	1.8503	－16.55	3272 ±39
ZK－5249	V6（17）A	三期	兽骨	3147 ±36	4.4853	－13.69	3347 ±36
ZK－5252	VT1H49	五期	兽骨	3001 ±35	4.1546	－10.96	3241 ±35
ZK－5253	VT4G6	二期	兽骨	3104 ±39	3.6451	－11.45	3341 ±39
ZK－5254	VT1H1	五期	兽骨	2950 ±34	5.7540	－11.42	3187 ±34
ZK－5255	VT3G4	四期	兽骨	3080 ±40	1.5280	－9.12	3355 ±40
ZK－5256	VT4⑤B	四期	兽骨	3160 ±36	5.4721	－11.74	3392 ±36
ZK－5257	VT3⑦	二期	兽骨	3054 ±37	2.3627	－10.15	3313 ±37

河南伊川南寨二里头遗址。

表4—32　　河南伊川南寨二里头遗址（90YN）墓葬系列样品测定数据

（中国社会科学院考古研究所 ^{14}C 实验室测定）

实验室编号	样品来源 （原编号）	考古 分期	测定 物质	测量校正后 （5568，1950）	苯量 （克）	$\delta^{13}C$值 （‰）	校正后值 （5568，1950）
ZK－5260	M3	一期	人骨	3191 ±34	4.5310	－8.87	3454 ±34
ZK－5261	M9	一期	人骨	3175 ±50	5.7646	－7.72	3458 ±50 3455 ±34 平均 3457 ±34
ZK－5261	M9	一期	人骨	3172 ±34	3.0780	－7.72	
ZK－5262	M19	一期	人骨	3152 ±33	5.7401	－10.34	3391 ±33
ZK－5263	M18	二期	人骨	3101 ±34	4.8004	－10.10	3343 ±34
ZK－5264	M25	二期	人骨	3195 ±37	1.7835	－8.19	3470 ±37
ZK－5265	M26	二期	人骨	3131 ±34	3.1881	－9.75	3380 ±34
ZK－5267	M33	二期	人骨	3082 ±35	3.0475	－8.76	3347 ±35
ZK－5268	M16	三期	人骨	3174 ±39	1.5140	－11.37	3396 ±39
ZK－5270	M34	三期	人骨	3075 ±33	3.7407	－11.14	3301 ±33

表 4—33   河南偃师二里头遗址(97YL) 系列样品测定数据

(北京大学常规^{14}C 实验室测定数据)

实验室编号	样品来源 (原编号)	考古分期	测定物质	测量校正后 (5568，1950)	δ^{13}C 值 (‰)	校正后值 (5568，1950)
XSZ098	VT4⑦B	二期	骨头	3250 ±32	−20.18	3327 ±32
XSZ099a	VT2H60	五期	骨头	3220 ±45	−20.11	3298 ±45 ~
XSZ099b	VT2H60	五期	骨头	3050 ±36	−16.33	3189 ±36
XSZ101a	VT4H28	五期	骨头	3072 ±30	−14.43	3241 ±30
XSZ101b	VT4H28	五期	骨头	3119 ±40	−17.02	3247 ±40
XSZ103	VT4④A	五期	骨头	3051 ±35	−14.26	3222 ±35
XSZ104	VT3H58	一期	骨头	3311 ±37	−16.58	3445 ±37
XSZ105	VT6⑧	五期	骨头	3253 ±35	−17.78	3369 ±35
XSZ106	VT1⑤	五期	骨头	3155 ±32	−13.54	3338 ±32
XSZ107	VT6⑩A	五期	骨头	3383 ±113	−18.00	3495 ±113
XSZ115	VT1②C	五期	骨头	3120 ±29	−15.60	3270 ±29
XSZ109	VT2②A	五期	骨头	3212 ±44	−18.38	3318 ±44 ~
XSZ110	VT4CH25	？期	骨头	3185 ±33	−20.80	3252 ±33
XSZ114	VT1②B	五期	骨头	2967 ±48	−13.68	3148 ±48
XSZ160	VT5H39	三期	骨头	3142 ±35	−15.37	3296 ±35
XSZ161	VT4H54	二期	骨头	3163 ±35	−13.56	3346 ±35
XSZ162	VT6H53	二期	骨头	3268 ±35	−13.52	3451 ±35
XSZ163	VT2H57(a)	二期	骨头	3221 ±35	−16.91	3350 ±35
XSZ164	VT2H57(b)	二期	骨头	3208 ±35	−16.14	3349 ±35
XSZ165	VT1H2	五期	骨头	3050 ±35	−13.87	3227 ±35
XSZ166	VT3H5	五期	骨头	3086 ±35	−12.75	3281 ±35
XSZ167	VT6H34	三期	骨头	3114 ±35	−12.65	3311 ±35
XSZ169	VT1G5	四期	骨头	3222 ±35	−18.15	3331 ±35

注：~参考数据(下同)

拟合结果：

表4—34　河南偃师二里头遗址—河南伊川南寨二里头遗址系列样品测定数据拟合结果

实验室编号	样品来源 （原编号）	考古 分期	测定 物质	^{14}C年代数据 （5568，1950）	拟合后年代 （BC）
XSZ104	97YLVT3H58	一期	兽骨	3445±37	1880—1840（0.32） 1820—1790（0.10） 1780—1720（0.57）
ZK－5206	97YLVT2（11）	一期	木炭	3406±33	1880—1844（0.02） 1770—1700（0.98）
ZK－5260	YNM3	一期	人骨	3454±34	1880—1840（0.37） 1820—1790（0.11） 1780—1730（0.52）
ZK－5261	YNM9	一期	人骨	3457±34	1880—1840（0.36） 1820—1790（0.13） 1780—1730（0.51）
ZK－5262	YNM19	一期	人骨	3391±33	1745—1708
ZK－5227	97YLVT4H54	二期	木炭	3327±34	1685—1665（0.23） 1660—1645（0.17） 1640—1600（0.60）
XSZ098	97YLVT4⑦B	二期	兽骨	3327±32	1685—1645（0.40） 1640—1600（0.60）
ZK－5226	97YLVT4H46	二期	木炭	3407±36	1725—1680（0.67） 1670—1635（0.33）
ZK－5244	97YLVT1H48	二期	兽骨	3348±36	1685—1615
ZK－5236	97YLVT6H53	二期	木炭	3294±35	1680—1665（0.18） 1660—1650（0.03） 1635—1585（0.79）
ZK－5253	97YLVT4G6	二期	兽骨	3341±39	1685—1610
ZK－5257	97YLVT7⑦	二期	兽骨	3313±37	1685—1665（0.21） 1660—1645（0.15） 1640—1595（0.64）
ZK－5228	97YLVT4⑥A	二期	木炭	3318±34	1685—1665（0.21） 1660—1645（0.15） 1640—1595（0.64）

实验室编号	样品来源 （原编号）	考古 分期	测定 物质	^{14}C 年代数据 （5568，1950）	拟合后年代 （BC）
ZK－5209	97YLVT2⑨A	二期	木炭	3374 ±34	1690—1620
ZK－5263	YNM18	二期	人骨	3343 ±34	1685—1605
ZK－5264	YNM25	二期	人骨	3470 ±37	1714—1687
ZK－5265	YNM26	二期	人骨	3380 ±34	1695—1620
ZK－5267	YNM33	二期	人骨	3347 ±35	1685—1615
ZK－5249	97YLVT6（17）A	三期	兽骨	3347 ±36	1605—1600（0.01） 1570—1545（0.99）
ZK－5200	97YLVT1⑨	三期	木炭	3343 ±35	1605—1600（0.02） 1595—1545（0.98）
ZK－5247	97YLVT6（12）B	三期	兽骨	3272 ±39	1597—1562
ZK－5270	YNM34	三期	人骨	3301 ±33	1595—1554
ZK－5255	97YLVT3G4	四期	兽骨	3355 ±40	1553—1526
ZK－5229	97YLVT4⑤A	四期	木炭	3304 ±36	1554—1521
ZK－5242a	97YLVT6	四期	木炭	3270 ±32	1557—1512
ZK－5242b	97YLVT6	四期	木炭	3350 ±33	1552—1526
ZK－5252	97YLVT1H49	五期	兽骨	3245 ±35	1520—1490（0.48） 1480—1450（0.52）
XSZ101	97YLVT4H28	五期	兽骨	3241 ±30	1520—1490（0.46） 1480—1450（0.54）

拟合图示：

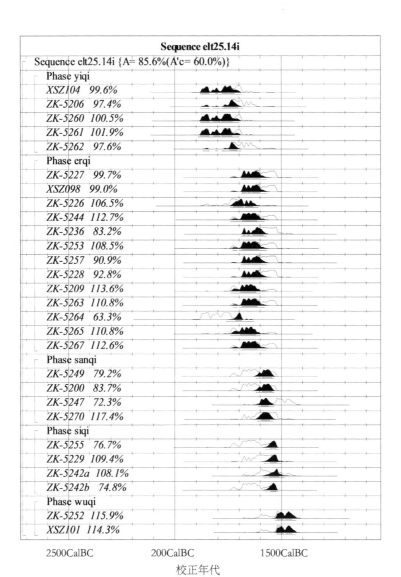

图 4—14 河南偃师二里头遗址—河南伊川南寨二里头遗址系列样品测定数据拟合图示

九　新砦遗址系列样品的测定与拟合

　　二里头遗址的二里头文化一至四期的^{14}C 年代已经过多次测定，情况都差不多，但只能以新石器时代的年代精度标准来看待，即年代误差可以达到 100 年以上。但在"夏商周断代工程"开始后，经过高精度测定和使用系列样品拟合后，就可以看出二里头一期的年代上限在公元前 1880—前1730 年之间无法确定（见表 4—35），当然，如果使用边界条件加以制约，显然年代上限的误差，会大幅降下来。

　　新砦期文化早在 20 世纪 70 年代就被发现，20 世纪 80 年代经过试掘，被命名为新砦期二里头文化，或称二里头文化的新砦期。"夏商周断代工程"开始后，必然要提起新砦期的问题，因为这是属于夏纪年的范围。1999 年经过重新发掘，认定新砦遗址的主体文化内涵，可分为龙山文化、新砦期和二里头文化早期三种遗存。但是在这里原始^{14}C 年代数据，大都在距今 3550—3450 年之间，且层位关系往往是颠倒的。而类型学要求划分新砦期和二里头文化一期出土材料尚嫌不足。经 2000 年的再次发掘，发现了二里头早期文化层直接叠压在新砦期层位之上的证据。而在二里头遗址的发掘中，又发现了二里头文化一、二期之间的层位，采集了十多个样品，测出的年代数据，经与树轮校正曲线比较，结果可定在公元前 1680年前后。由此可以推定二里头文化一期的年代上限，不应早于公元前 1750年。从树轮校正曲线看，新砦期的^{14}C 年代数据也不会早于公元前 1880年。而龙山晚期有少数^{14}C 年代落在公元前 1880 年之内。所以，可以认定新砦期的年代在公元前 1850—前 1750 年年间（见图 4—15）。

表 4—35　　　　　　　二里头遗址分期与常规^{14}C 测年数据拟合结果

分期	单位	样品	实验室编号	^{14}C 年代（BP）	拟合后日历年代（BC）
一期	97VT3H58	兽骨	XSZ104	3445 ± 37	1880—1840（0.41） 1810—1800（0.09） 1780—1730（0.49）
	97VT2⑾	木炭	ZK5206	3406 ± 33	1740—1640

续表

分期	单位	样品	实验室 编号	^{14}C 年代 （BP）	拟合后日历年代 （BC）
	97VT4H54	木炭	ZK5227	3327 ± 34	1680—1600
	97VT4⑦b	兽骨	XSZ098	3327 ± 32	1685—1650（0.43） 1640—1600（0.57）
	97VT4H46	木炭	ZK5226	3407 ± 36	1740—1640
	97VT1H48	兽骨	ZK5244	3348 ± 36	1685—1615
二期	97VT6H53	木炭	ZK5236	3294 ± 35	1680—1670（0.18） 1680—1650（0.06） 1635—1590（0.75）
	97VT4G6	兽骨	ZK5253	3341 ± 39	1685—1610
	97VT3⑦	兽骨	ZK5257	3313 ± 37	1685—1650（0.37） 1640—1600（0.63）
	97VT4⑥a	木炭	ZK5228	3318 ± 34	1685—1610
	97VT2⑨a	木炭	ZK5209	3374 ± 34	1740—1710（0.16） 1680—1670（0.84）
三期	97VT6⑰a	兽骨	ZK5249	3347 ± 36	1610—1555
	97VT1⑨	木炭	ZK5200	3343 ± 35	1610—1555
	97VT6⑫b	兽骨	ZK5247	3272 ± 39	1598—1564
四期	97VT3G4	兽骨	ZK5255	3355 ± 40	1560—1529
	97VT4⑤a	木炭	ZK5229	3304 ± 36	1561—1525
	97VT6	木炭	ZK5242a	3270 ± 32	1564—1521
	97VT6	木炭	ZK5242b	3350 ± 33	1560—1529

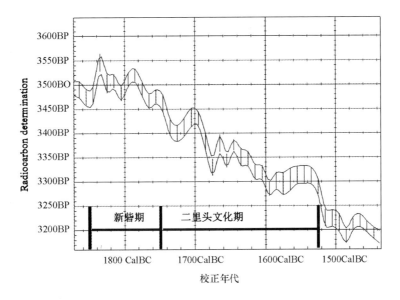

图4—15 相应的树轮年代校正曲线（公元前1800—前1500年校正段）

十　王城岗遗址年代测定与拟合

　　王城岗遗址前后延续七八十年，文化传承从未间断，在"夏商周断代工程"启动之前，早已经过发掘。当时发现有 1 万平方米的小城，被认为是禹都阳城。"夏商周断代工程"开始后，我们曾集体去考察一次。当时建议再进行一次调查勘探，似乎应有一座较大的城才可以算得上是阳城。勘探结果，真是发现了一座大城，面积达 30 余万平方米。经研究，王城岗遗址的龙山文化，可分前后两期三段，即前期为第一段，后期分为第二段和第三段。前期以小城为代表，第二段以大城的城墙和城壕为代表，第三段为大城废弃之后的堆积。整个龙山文化时期，王城岗遗址是嵩山东南部颍河上游的重要中心聚落。根据原先将王城岗龙山文化分为三段五期的 ¹⁴C 测定的拟合结果，第三期的年代大约为公元前 2060±30 年。这与"夏商周断代工程"专家估定夏的起始年代为公元前 2070 年接近（见表4—36）。

表4—36　　河南龙山文化晚期遗存分期及 AMS 测定数据拟合结果

分期（王城岗）		单位	样品	实验室编号	¹⁴C 年代（BP）	拟合后日历年代（BC）
一段	一期	T130H340	骨头	SA98100	3738±43	2190—2110
		T153H402	骨头	SA98101	3728±44	2190—2105
二段	二期	T157 奠6	木炭	SA98102	3635±50	2132—2082
		T179 奠8	骨头	SA98104	3627±36	2128—2084
	三期	T311H92	骨头	SA98108	3703±55	2090—2030
		T179H470	骨头	SA98110	3732±43	2090—2030
三段	四期	T92H192	骨头	SA98116	3697±42	2050—1985
		T242H536	骨头	SA98117	3611±41	2038—1998
		T157H418	骨头	SA98120	3648±35	2041—1994
	五期	T107H233	骨头	SA98122	3669±34	2030—1965
		T51②	骨头	SA98123	3657±37	2030—1965

在发现大城之后，测出大城建造的年代为公元前 2065±20 年[1]，所以，前后测定结果基本上是一致的。

表 4—37　　　　　王城岗遗址系列样品 AMS^{14}C 测定数据拟合结果

分段	单位（W5）	实验室编号	^{14}C 年代（BP）	日历年代（BC）（68%）	日历年代（BC）（95.4%）
一段	T0670H72	BA05243	3720±35	2135—2075	2200—2160（11.2%） 2150—2060（84.3%）
	T0670H73	BA05246	3680±35	2130—2075	2200—2170（10.3%） 2150—2060（85.1%）
	T0670H74	BA05249	3700±35	2135—2075	2200—2170（10.9%） 2150—2060（84.5%）
二段	T0670⑧	BA05239	3750±40	2100—2055	2190—2150（7.9%） 2140—2040（87.5%）
	T0670Q1	BA05236	3725±35	2085—2045	2160—2030（95.4%）
	T0670Q1①	BA05237	3730±40	2085—2045	2160—2030（95.4%）
	T0670Q1②	BA05238	3745±35	2085—2045	2160—2110（7.9%） 2100—2030（87.5%）
三段	T0670⑤	BA05235	3710±40	2070—2030	2140—1980（95.4%）

根据以上 ^{14}C 年代测定数据，依据相应的考古信息，与 ^{14}C 年代—树轮年代校正曲线匹配拟合，获得的日历年代数据综合列表，形成的夏商周 ^{14}C 年代框架（见本书第五章图 5—4 夏商西周时期考古年代框架示意图）。

参加本课题常规法实验研究工作人员有：中国社会科学院考古研究所仇士华、蔡莲珍、冼自强、薄官成、钟建、王金霞、张雪莲（博士生），中国科学院生物物理所蒋汉英。北京大学考古系陈铁梅、原思训、胡艳秋、吴小红、马力、蒙清平。

---

[1]　见《中华文明探源工程文集》，科学出版社 2009 年版，第 430 页，表 19。

第五章　夏商西周考古年代测定的
讨论和结论

一　基本认识和思路

系列样品方法实施的具体程序是：

第一，采集与考古层位和文化分期在年代上高度相关的系列含碳样品，最好每期有 5 个以上。

第二，将采集的系列样品分别测出精确可靠、误差符合实际的^{14}C数据。

第三，充分应用考古信息，将系列样品的^{14}C年代数据同高精度树轮校正曲线进行匹配拟合，定出与考古内涵相符的日历年代。

对于第一条，我们同有关考古学家们合作，对所有重要的夏商周遗址根据需要和可能做普遍的采集，基本上完成了任务。这些遗址层位和文化分期都比较成熟，或是有共识的。

对于第二条，我们已更新设备，做了技术改进的研究，也已经做到。

对于第三条，就是要正确利用 OxCal 程序的有关部分进行数据处理和转换。

在这里，我们首先要认清编制程序的主要原则：一是统计性，要兼顾^{14}C数据的误差和树轮校正曲线的特征和误差。二是要结合田野考古的实际情况，即考古地层、文化分期等信息。我们面对中国夏商周田野考古的丰富内涵和比较成熟的考古文化分期，结合"夏商周断代工程"的要求，在实施工程时有以下几点基本的认识和思路作指导：

第一，^{14}C 测年参与"夏商周断代工程"，不可能如一般历史年代的要求那么准确，只能把误差缩小到有用的程度。因此，要求误差越小越好，但必须可靠。

第二，商后期的安阳殷墟遗址和西周的丰镐遗址文化分期比较成熟，历史上认定盘庚迁殷后没有再变动。考古上将殷墟文化分为四期，将西周墓葬分为五期，琉璃河和天马曲村的西周遗址分为三期六段，大体上每期或段的年代为五六十年。在西周以前还有先周文化的考古发掘材料。商前期二里岗文化的上下层也分为下层二期、上层二期。二里头文化也分为四期。这都是以对殷墟的商文化的认识为依据向前推的。王城岗则属于河南龙山文化晚期了，但分期情况尚属良好。二里头一期与河南龙山之间尚有缺环。新砦遗址的新砦文化期填补了空缺。

^{14}C 年代的误差越小越好，我们只能做到 ±25 年—±40 年，但已能满足要求。对于夏商周考古年代框架，这是系列样品方法发挥作用的绝好地方。

第三，系列样品的转换要求包含连续文化期越多，拟合的效果越好。这是因为在树轮校正曲线上，系列中间的数据有先后次序的约束，而在两端则没有。例如，一组系列样品包含有四期，在拟合时中间两期的排列应比较理想。整个系列的早、晚边界在那儿，要靠中间的排列分布情况向外作合理的推测，这就是所谓要应用"边界条件"。显然，只有一期的样品数据，也可以按 OxCal 程序拟合，但误差太大，这就很难符合"夏商周断代工程"的要求，一般是不可取的。如果要求获得上、下两种文化或分期之间的界限范围，程序中可以插入事件或中间边界的命令，执行给出明确的可能范围。有时众多系列样品中有一个或极少几个样品无法排出恰当的位置，程序中给出每个样品和整个系列的符合系数，如果个别样品不符合要求则可以弃去。这有可能是测试中出错，更可能是采集的样品年代代表性不符合要求。但如果整个系列的符合系数太低，这就需要全面审核了。所以这也是对测年和田野工作的一次检验。

第四，我们对树轮校正曲线已经很熟悉，它在各个年代段的特征是不一样的，有时偶然碰到曲线的陡峭部分，^{14}C 年代上下有近百年，而相应的日历年代仅二三十年，这时即使单个¹⁴C 年代数据，在作树轮校正后，误差会缩小到三分之一以内，我们不能放过这样的机会。对于保存完好的木头，我们一定要按树轮系列仔细操作。如果能推出木头被砍伐和使用的年代，这将是考古年代框架的最可靠的支撑点。对于一般使用考古层位和文化分期的系列，要注重一些关键点、关键年代作出特别的评估和论证。这对"夏商周断代工程"特别重要。

第五，利用系列样品方法测年需要注意的问题。

①系列样品方法测年是要依靠考古学提供正确的文化分期时序信息，但不能跟着个别人的观点走。它是两个学科的合作——即根据正确的考古信息，经测定、拟合，得出误差大为缩小的考古年代，否则不能降低考古年代误差。若有人认为年代测定要"背对背"测出的年代才是客观的，这是由于他不理解系列样品方法之故。

②系列样品测定要求达到高精度水平，即每个样品的¹⁴C 年代其实际误差应小于±40 年。每个文化期采集 5 个以上的样品，有 3 个以上的连续的文化期组成一个系列，进行测定、拟合，这样获得的结果才比较合理。

③最终结果要对照树轮校正曲线相应段作仔细观察、分析，因为曲线的各个时段其特征是很不一致的。倘若遇到单个¹⁴C 年代数据正处于曲线很陡峭的部分，只需经过树轮年代校正，其误差就缩小到了原来要求的范围以内，我们不能忽略这样的偶遇。

④有人认为文化分期有主观性，因而主张采集"纯地层"的系列样品进行测定、拟合将更客观。其实，考古地层就是文化层，文化分期与地层决不能割裂开来。不是文化层的地层，测出的年代还可能是考古年代吗？不能进行文化分期的地层，其年代也是没有考古意义的。

⑤有了年代框架以后，有人认为可以取一个新的单个样品，要求测出它是哪一期的，这是不能的，考古文化分期只能由考古学家来定。单个样品测定的¹⁴C 年代经过校正得出的日历年代，一般误差都会在百年左右，是无法决定属于哪一期的。唯有上述个别时段，仅靠树轮校正就可以将年代误差缩小到合适范围，才能分辨属于哪一期。而这样陡峭的时段，整条曲线中仅有几处。

⑥对于不成熟的考古分期或先后关系，企图靠^{14}C测定来解决，这是不行的，更不能用系列样品来任意解读，因为这是违反系列样品方法规则的。

⑦"夏商周断代工程"是多学科合作、跨学科研究，不能期待彻底解决问题。但经过努力取得了一些突破性进展，夏商西周的考古年代框架就是其中之一。它一时未能被历史、考古界所普遍接受，是可以理解的，何况有了进展也还应当继续深入研究。而有一些学者，根本不承认多学科合作，或者不懂得多学科合作，也不会应用多学科合作，这在许多文章中曾屡见不鲜。百家争鸣，无可非议，但任何一家之言，都要经受各方面的科学检验。党中央向全党、全国人民提出了科学发展观，这也是值得我们学术界反思的。

二　关于考古年代框架

第一，晋侯墓地M8是晋献侯苏的墓，测出的年代为公元前808±8年。这与《史记·晋世家》所载晋献侯苏死于周宣王十六年正相吻合。

第二，武王克商的年代范围公元前1050—前1020年是根据丰镐遗址的测定，同殷墟与琉璃河遗址系列测定相一致而得出的，无疑是比较可靠的。

第三，殷墟系列测定的二期年代，同天文学根据宾组五片甲骨文的月蚀纪录推出的武丁年代相一致。

第四，根据郑州商城二里岗上层一期水井井圈木的测定结果，其年代为公元前1400±8年。

第五，根据郑州商城洛达庙与二里岗系列的测定，郑州商城应在公元前1500年左右。偃师商城考古上可与郑州商城作比较，但偃师商城之小城应明显早于郑州商城。

第六，关于二里头遗址的年代研究。

①1983 年我们写了《有关所谓"夏文化"的^{14}C 年代测定的初步报告》。[①] 在那篇文章中，我们对^{14}C 年代测定中误差情况的复杂性作了详细说明。例如说，单个^{14}C 年代数据一般是不可轻信的。即使经过准确测定，数据可信，但由于它处于树轮校正曲线倾斜度小、起伏大的区段，也可以把不是夏代的标本误认为是夏代的，根本无法分辨。要解决这个问题，只好以数量求质量，测出大量的数据，缩小统计误差，尽量排除偶然性。在这样的背景里，我们分析了二里头遗址一至四期的 32 个样品的^{14}C 年代数据，认为二里头文化的绝对年代被限制在公元前 1900—前 1500 年的范围内。同时还声明，哪一种文化可以明确称之为"夏文化"，这是考古学家研究讨论的专题，有些问题恐怕还有待于考古工作和测定工作的进一步开展和研究。尽管如此，根据文献的各种纪年系统，这个结果可以表明，二里头一期不是夏代的开始，二里头四期有可能已经进入商代。当然，这个结果很粗糙，但可供考古学家研究做参考。

②二里头遗址的系列样品是工程启动后重新采集的。主要是骨质样品，经过仔细测定，其结果在"夏商周断代工程"阶段性成果报告中已经公布。现在我们对二里头文化的年代问题，提出自己的看法，供大家讨论参考和批评。

1983 年我们阐述的二里头测定报告，并没有错误。但是，标本大多是木炭，测定误差也比较大，而且年代数据都是采用单个样品的树轮校正结果，所以是很粗糙的。原报告中已有相应说明。

"夏商周断代工程"中公布的系列样品测定拟合结果，没有加以说明和充分研究讨论。

从实际情况看，我们认为二里头采集的系列样品在分期上是有根据的。二里头文化分为一、二、三、四期，有地层叠压关系为依据，经历过长期研究，多数学者对分期有共识。当然，尚不能说每个样品间，都有绝对的先后次序。

---

① 仇士华、蔡莲珍、冼自强、薄官成：《有关所谓"夏文化"的^{14}C 年代测定的初步报告》，《考古》1983 年第 10 期。

二里头系列样品中还有被称为五期的二里岗文化的样品。因此可以把一至五期作为一个系列来拟合，以便于估计四期年代的下限。但一期的年代上限还难以估定，需要使用程序设置的边界条件命令来估计。如果有与一期连续但更早期的^{14}C年代数据参与拟合，应当更好。

密县新砦遗址，经过发掘发现有早于二里头一期，或与二里头一期相当的新砦一期和新砦二期文化。新砦一期前面还有龙山晚期的遗存，考古学界正在研究。这三期的^{14}C样品年代应当可以作为一个系列进行拟合。《简本》①发表后，北大加速器质谱测定已有结果，常规方法也测定了十多个数据。这样，可以同二里头的系列样品拟合做比较。

③新砦文化在时间上填补了二里头文化同河南龙山文化之间的空当。现试将新砦遗址的龙山文化、新砦文化和二里头遗址的二里头文化及二里头五期（二里岗期）共60多个^{14}C年代数据，应用OxCal程序做一个长系列的拟合，并把龙山晚期和新砦期、新砦期与二里头期以及二里头期与二里岗期各界限的年代显示出来。见数据拟合前后的数据对照表（见表5—1、表5—2、表5—3）和数据拟合图示（见图5—1、图5—2、图5—3）。应该说，根据考古发掘和研究的情况，这四种文化，河南龙山晚期→新砦期→二里头期→二里岗期，地层关系清楚，先后顺序无间断连续，系列年代跨度长并有大量相关的^{14}C年代数据，最适合于做系列样品拟合和研究分析。

由拟合图和数据表可见新砦期的上限不早于公元前1850年，二里头一期的上限不早于公元前1750年，二里岗期上限不早于公元前1540年，后者与郑州商城和偃师商城的^{14}C测年结果一致。

④根据拟合结果，我们从年代测定的角度，做一些说明和粗略分析。

1983年我们在《有关所谓"夏文化"的^{14}C年代测定的初步报

---

① "夏商周断代工程"专家组编著：《夏商周断代工程1996—2000年阶段成果报告》，世界图书出版公司2001年版，第76页，表二十。

告》① 中把二里头文化的年代限制在公元前 1900—前 1500 年的范围内。那是按单个样品作了树轮年代校正，曾被广泛引用。由于样品大都是用木炭作的一般测定，误差相应比较大。在"夏商周断代工程"中，二里头文化的系列样品是重新采集的，主要是骨质样品，所得 ^{14}C 数据同以前的数据并不矛盾，只是精度更高一些。经过拟合可以看出，由于相应段树轮年代校正曲线的关系，二里头文化一期的年代上限在公元前 1880—前 1730 年之间，范围很大，这同 1983 年的报告是一致的。② 但若在拟合时使用边界条件来限定，就可以把上限的范围缩小，向公元前 1730 年靠拢。现在采用新砦文化的系列样品同二里头文化的系列样品一起拟合，可以更客观地把二里头文化一期的年代上限定在不早于公元前 1750 年。

在郑州商城遗址，洛达庙（即二里头类型）文化层被二里岗文化下层所叠压。在二里头遗址，二里头四期则被第五期（即二里岗文化）叠压。郑州商城遗址和二里头遗址两组系列样品的拟合，都表明二里岗文化的年代上限都在公元前 1500 多年，但不能早很多。

在郑州商城的城墙中发现有二里岗下层文化的陶片，故而郑州商城的年代不可能早于二里岗文化一期。偃师商城的发掘者把偃师商城文化分为三期。偃师商城的小城建于偃师商城文化一期。根据一期的文化分析和 ^{14}C 年代测定都表明在时间上已进入二里头文化期。因此，可以肯定偃师商城的小城比郑州商城要早。

根据现有的考古资料和年代测定，二里岗文化不可能是最早期的商代文化。二里头文化在时间上跨越了夏代中、晚期和商代早期。

综上所述，可将"夏商周断代工程"中系列样品测定的夏商西周的考古年代框架，制成一个大体相近的图表，以便一目了然（见图 5—4）。

---

① 仇士华、蔡莲珍、冼自强、薄官成：《有关所谓"夏文化"的 ^{14}C 年代测定的初步报告》，《考古》1983 年第 10 期。

② "夏商周断代工程"专家组编著：《夏商周断代工程 1996—2000 年阶段成果报告》，世界图书出版公司 2001 年版，第 76 页，表二十。

表5—1 长系列拟合之新砦遗址部分

实验室编号	样品来源（原编号）	考古分期	测定物质	¹⁴C 年代数据		单个数据校正	系列数据校正
					平均值		
上边界 BoundaryI							2180—2050
SA00002	T1H123		骨头	3700±65		2200—2160（10.3） 2150—2010（51.9） 2000—1970（6.0）	2110—1950
SA00014			骨头	3675±35			
SA00014-1	T1H126		骨头	3740±30	3716±38	2140—2120（14.2） 2100—2030（54.0）	2085—2036
VERA-1430			骨头	3760±45			
VERA-1429a		龙山晚期	骨头	3695±35			
SA00008	T1H122		骨头	3570±35		2010—2000（2.0） 1960—1870（60.4） 1840—1820（5.8）	1960—1870（64.3） 1840—1830（3.9）
SA00007	T1H120		骨头	3590±30		2010—2000（4.3） 1980—1880（63.9）	2010—2000（3.1） 1980—1880（65.1）
SA00001	T1H119		骨头	3485±30	3487±33	1880—1840（28.5） 1830—1790（19.1） 1780—1740（20.6）	1880—1835（59.3） 1830—1810（8.9）
SA00001-1			骨头	3490±35			
边界 BoundaryL—X1，龙山晚期—新砦一期间							1830—1770
SA00006	T1（6）C		骨头	3535±35	3503±35	1880—1770	1798—1764（57.2） 1760—1752（11.0）
SA00006-1			骨头	3470±35			
SA00012			骨头	3480±35		1880—1840（27.2） 1830—1790（22.0） 1780—1740（19.0）	1805—1795（8.1） 1790—1750（60.1）
VERA-1432	T1H116		骨头	3500±45	3490±42		
VERA-1431		新砦一期	骨头	3490±35			
SA00005	T1H112		骨头	3465±35		1880—1840（23.6） 1820—1790（9.1） 1780—1730（29.0） 1710—1690（6.6）	1810—1795（9.1） 1785—1750（59.1）
SA00019	T1H115		骨头	3530±35	3515±35	1890—1860（14.9） 1850—1770（53.3）	1799—1767（58.8） 1759—1751（9.4）
SA00019-1			骨头	3500±35			
SA00028	T4H61（6）		骨头	3500±35		1880—1750	1796—1752

续表

实验室编号	样品来源（原编号）	考古分期	测定物质	¹⁴C 年代数据	平均值	单个数据校正	系列数据校正

边界 BoundaryX1 – X2，新砦一期—新砦二期间

实验室编号	样品来源（原编号）	考古分期	测定物质	¹⁴C 年代数据	平均值	单个数据校正	系列数据校正
SA00018	T1H40		骨头	3500±30	3487±33	1880—1840(28.2)	1764—1740
SA00018 – 1			骨头	3470±35		1830—1790(19.6) 1780—1740(20.4)	
SA00017	T1H26		骨头	3395±40	3434±34	1770—1755(4.9)	1752—1720
SA00017 – 1			骨头	3455±30		1750—1685(63.3)	
SA00009	T1H76	新砦二期	骨头	3415±35		1770—1760(1.2) 1750—1680(57.5) 1670—1630(9.5)	1748—1718
VERA – 1435	T1H48		骨头	3460±50	3437±49	1860—1840(5.9)	1760—1724
VERA – 1434			骨头	3425±35		1770—1680(62.3)	
SA00013	T1H45		骨头	3430±55	3402±41	1740—1705(48.3) 1700—1680(15.7) 1670—1660(3.2) 1645—1640(1.1)	1740—1722
SA00013 – 1			骨头	3390±35			
VERA – 1437			骨头	3450±50			
VERA – 1436			骨头	3380±35			
SA00016	T1H29 (1)		骨头	3410±50	3405±45	1740—1680(66.0) 1670—1660(2.2)	1742—1721
VERA – 1439			骨头	3430±50			
VERA – 1438			骨头	3390±35			
SA00021	T1H66		骨头	3425±30		1860—1840(1.5) 1770—1680(66.7)	1750—1719
SA00020	T1H30		骨头	3490±30		1830—1840(26.2) 1830—1740(42.0)	1763—1739

边界 BoundaryX2—E1，新砦二期—二里头一期间　　　　　　　　　　　　　1728—1706

表5—2　　　　　　　　　长系列拟合之二里头遗址部分（可接上表）

实验室编号	样品来源（原编号）	考古分期	测定物质	^{14}C年代数据（5568，1950）	单个数据校正	系列数据校正
边界 BoundaryX2—E1，新砦二期—二里头一期间（同上）						1728—1706
XSZ104	97YLVT3H58		兽骨	3445 ±37	1870—1840（12.3） 1810—1800（3.8） 1780—1680（52.2）	1711—1690
ZK－5206	97YLVT2（11）	二里头一期	木炭	3406 ±33	1750—1680（56.6） 1670—1660（5.6） 1650—1630（6.0）	1712—1688
ZK－5260	YNM3		人骨	3454 ±34	1880—1840（19.2） 1810—1800（5.4） 1780—1730（28.9） 1720—1690（14.7）	1710—1691
ZK－5261	YNM9		人骨	3457 ±34	1880—1840（20.4） 1820—1790（6.5） 1780—1730（29.0）	1710—1691
ZK－5262	YNM19		人骨	3391 ±33	1740—1620	1714—1686
边界 Boundary E1—E2，二里头一期—二里头二期间						
ZK－5227	97YLVT4H54		木炭	3327 ±34	1690—1650（12.0） 1640—1590（29.5） 1570—1520（26.6）	1685—1615
XSZ098	97YLVT4⑦B		兽骨	3327 ±32	1690—1650（12.4） 1640—1580（29.0） 1570—1520（26.7）	1685—1645（37.6） 1640—1615（30.6）
ZK－5226	97YLVT4H46		木炭	3407 ±36	1750—1680（53.1） 1670—1630（15.1）	1695—1630
ZK－5244	97YLVT1H48	二里头二期	兽骨	3348 ±36	1880—1840（15.5） 1810—1800（4.4） 1780—1730（28.6） 1720—1680（19.7）	1700—1680（38.4） 1670—1655（16.1） 1650—1635（13.7）
ZK－5253	97YLVT4G6		兽骨	3341 ±39	1690—1600（50.7） 1570—1530（17.5）	1685—1620
ZK－5257	97YLVT7⑦		兽骨	3313 ±37	1680—1670（3.4） 1630—1520（64.8）	1685—1645（35.8） 1640—1610（32.4）
ZK－5228	97YLVT4⑥A		木炭	3318 ±34	1680—1670（4.8） 1630—1520（63.4）	1685—1645（35.8） 1640—1610（32.4）
ZK－5209	97YLVT2⑨A		木炭	3374 ±34	1740—1710（14.8） 1700—1610（53.4）	1690—1630
ZK－5263	YNM18		人骨	3343 ±34	1690—1600（53.8） 1560—1530（14.4）	1685—1620
ZK－5265	YNM26		人骨	3380 ±34	1740—1710（18.6） 1700—1620（49.6）	1690—1630
ZK－5267	YNM33		人骨	3347 ±35	1690—1600（57.4） 1560—1530（10.8）	1685—1620

续表

实验室编号	样品来源（原编号）	考古分期	测定物质	^{14}C 年代数据（5568，1950）	单个数据校正	系列数据校正
边界 Boundary E2—E3，二里头二期—二里头三期间						
XSZ160	VT5H39		骨头	3296 ±35	1620—1520	1612—1573
XSZ167	VT6H34		骨头	3311 ±35	1680—1670（1.3）1530—1520（66.9）	1616—1573
ZK – 5249	97YLVT6（17）A	二里头三期	兽骨	3347 ±36	1690—1600（56.5）1560—1530（11.7）	1625—1570
ZK – 5200	97YLVT1⑨		木炭	3343 ±35	1690—1600（53.3）1560—1530（14.9）	1621—1574
ZK – 5247	97YLVT6（12）B		兽骨	3272 ±39	1620—1500	1608—1571
ZK – 5270	YNM34		人骨	3301 ±33	1615—1520	1614—1574

表 5—3　　　　　　　　长系列拟合之二里头遗址部分（可接上表）

实验室编号	样品来源（原编号）	考古分期	测定物质	^{14}C 年代数据（5568，1950）	单个数据校正	系列数据校正
边界 BoundaryE 3—E4 二里头三期—四期						
XSZ169	VT1G5	二里头四期	骨头	3331 ±35	1690—1580（43.9）1570—1520（24.3）	1565—1530
ZK – 5255	97YLVT3G4	二里头四期	兽骨	3355 ±40	1690—1600（56.6）1560—1530（11.6）	1564—1531
ZK – 5229	97YLVT4⑤A	二里头四期	木炭	3304 ±36	1620—1520	1566—1528
ZK – 5242a	97YLVT6	二里头四期	木炭	3270 ±32	1610—1500	1569—1526
ZK – 5242b	97YLVT6	二里头四期	木炭	3350 ±33	1690—1600（59.2）1560—1530（9.0）	1563—1531

续表

实验室 编号	样品来源 （原编号）	考古 分期	测定 物质	^{14}C 年代数据 （5568，1950）	单个数据校正	系列数据校正
边界 Boundary E4—E5，二里头四期—二里头五期间						1540—1513
XSZ103	97YLVT4④A	二里头五期	兽骨	3222 ±35	1520—1440	1520—1485（59.0） 1480—1471（9.2）
XSZ101	97YLVT4H28	二里头五期	兽骨	3241 ±30	1525—1445	1525—1485（59.6） 1480—1465（8.6）
XSZ114	97YLVTI②B	二里头五期	兽骨	3148 ±48	1500—1470（10.8） 1460—1380（50.5） 1340—1320（6.9）	1518—1473
XSZ115	97YLVTI②C	二里头五期	骨	3270 ±29	1605—1510	1529—1493
XSZ165	97YLVH2	二里头五期	骨	3227 ±35	1525—1440	1525—1485（59.3） 1480—1465（8.9）
边界 Boundary E4—E5，二里头四期—二里头五期间						
XSZ166	97YLVT3H5	二里头五期	兽骨	3281 ±35	1615—1515	1532—1492
ZK - 5215	97YLVT1⑤	二里头五期	木炭	3197 ±34	1515—1510（1.7） 1500—1430（66.5）	1518—1474
ZK - 5202	97YLVT1H2	二里头五期	木炭	3160 ±34	1495—1475（14.0） 1460—1400（54.2）	1517—1474
ZK - 5224	97YLVT3②	二里头五期	木炭	3141 ±33	1490—1480（3.5） 1450—1380（57.4） 1340—1320（7.3）	1517—1474
ZK - 5243	97YLVT4④	二里头五期	兽骨	3273 ±35	1620—1510	1530—1492
ZK - 5245	97YLVT2③B	二里头五期	兽骨	3245 ±36	1600—1560（11.3） 1530—1440（56.9）	1525—1485（59.1） 1480—1465（9.1）
ZK - 5254	97YLVT1H1	二里头五期	兽骨	3187 ±34	1500—1425	1518—1474
ZK - 5252	97YLVT1H49	二里头五期	兽骨	3245 ±35	1600—1560（10.8） 1530—1440（57.4）	1525—1485（59.4） 1480—1465（8.8）
BoundaryII 下边界					1495—1420	

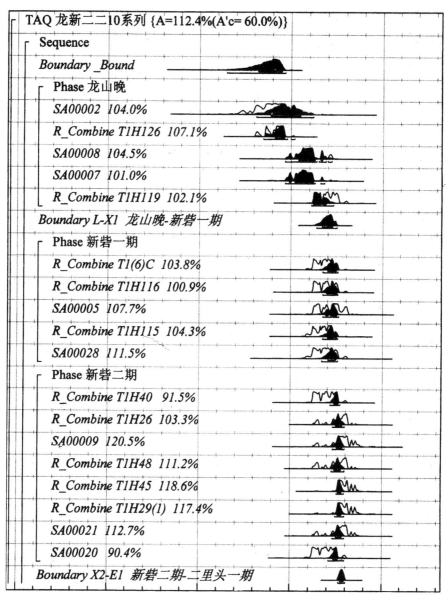

图 5—1　龙山晚—新砦—二里头文化年代数据长系列拟合图示

（龙山晚期—新砦期）

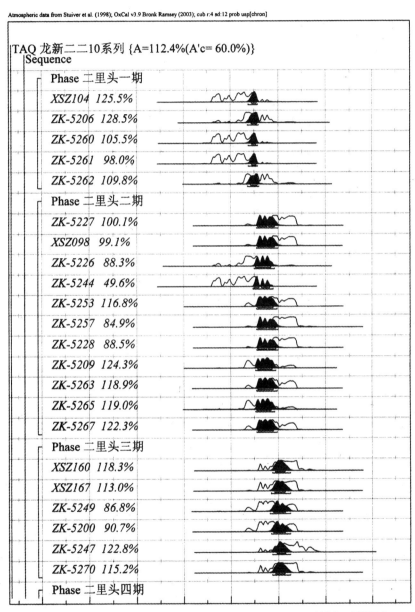

Atmospheric data from Stuiver et al. (1998); OxCal v3.9 Bronk Ramsey (2003); cub r:4 sd:12 prob usp[chron]

TAQ 龙新二二10系列 {A=112.4%(A'c= 60.0%)}
Sequence

Phase 二里头一期

XSZ104 125.5%
ZK-5206 128.5%
ZK-5260 105.5%
ZK-5261 98.0%
ZK-5262 109.8%

Phase 二里头二期

ZK-5227 100.1%
XSZ098 99.1%
ZK-5226 88.3%
ZK-5244 49.6%
ZK-5253 116.8%
ZK-5257 84.9%
ZK-5228 88.5%
ZK-5209 124.3%
ZK-5263 118.9%
ZK-5265 119.0%
ZK-5267 122.3%

Phase 二里头三期

XSZ160 118.3%
XSZ167 113.0%
ZK-5249 86.8%
ZK-5200 90.7%
ZK-5247 122.8%
ZK-5270 115.2%

Phase 二里头四期

2600BC　2400BC　2200BC　2000BC　1800BC　1600BC　1400BC　1200BC

校正年代

图 5—2　龙山晚—新砦—二里头文化年代数据长系列拟合图示
（二里头一期—二里头三期，可接前页）

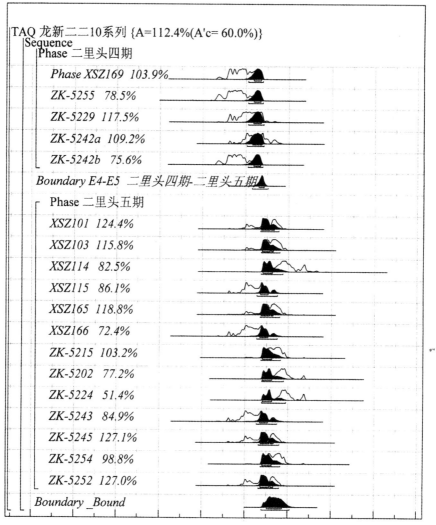

TAQ 龙新二二10系列 {A=112.4%(A'c= 60.0%)}
　Sequence
　　Phase 二里头四期
　　　　Phase XSZ169 103.9%
　　　　ZK-5255 78.5%
　　　　ZK-5229 117.5%
　　　　ZK-5242a 109.2%
　　　　ZK-5242b 75.6%
　　Boundary E4-E5 二里头四期-二里头五期
　　　Phase 二里头五期
　　　　XSZ101 124.4%
　　　　XSZ103 115.8%
　　　　XSZ114 82.5%
　　　　XSZ115 86.1%
　　　　XSZ165 118.8%
　　　　XSZ166 72.4%
　　　　ZK-5215 103.2%
　　　　ZK-5202 77.2%
　　　　ZK-5224 51.4%
　　　　ZK-5243 84.9%
　　　　ZK-5245 127.1%
　　　　ZK-5254 98.8%
　　　　ZK-5252 127.0%
　　Boundary _Bound

2600BC   2400BC   2200BC   2000BC   1800BC   1600BC   1400BC   1200BC   1000BC   800BC

校正年代

图5—3　龙山晚—新砦—二里头文化年代数据长系列拟合图示

（二里头四期—二里头五期，可接前页）

夏商周年表(BC)	考古遗址分期年代(BC)	公元前	考古遗址分期年代(BC)	BC
-2070- 夏 禹 · · · · ·	王城岗遗址 二段/三段/四段　河南龙山文化 1850	-2100- -2000- -1900-		- 2070 - 夏
· · ·	新砦遗址 1750 二里头遗址 一期 1680	-1800- -1700-		
夏 履癸 -1600- 商 汤	二期 1610 三期 1560 1520四期	-1600- -1500-	1510 二下一／二下二 1400　郑州商城	-1600- -1600- 商 前期
前 · 期 · 盘庚	偃师商城 一期／二期 1400／三期 1320	-1400-	1400水井圆木 二上一 二上二	
-1300- -1300-盘庚 -1250-武丁 -1192-祖庚	殷墟遗址 一期 1250 二期 1200	-1300- -1200-		-1300- -1300- 商 后期
后· 期· 帝乙 -1075帝辛 -1046-	三期 四期 1090 1040　　　　　1040	-1100-	丰镐 遗址 —1050 H18 —1020 T1(4)	-1046-
-1046-武王 西· 周· 列· 王·	天马曲村 一期 960 二期 850	-1000- -900-	张家坡 遗址 —940±10 M121 —921±12 M4	-1046- 西 周
西周幽王 -770-	琉璃河遗址 三期 770	-800- -770-	晋侯 墓地 —808±8 M8 —770 M93	770

图 5—4　夏商西周时期 ^{14}C 测定的考古年代框架示意图

附　夏商周考古年代学研究的有关论文

一　^{14}C 断代的加速器质谱计数法

（一）方法的原理

^{14}C 测年的常规测定方法,是靠探测器记录在一定时间间隔内一定量样品中 ^{14}C 原子衰变的数目，称为衰变计数法。这种方法在技术上目前已经发展到非常完善的地步。一般用 1—10 克的样品碳测量精度可达到 2‰—5‰，可测的最高年限达 4 万—5 万年。如果样品量不受限制，使用同位素浓缩技术将样品中的 ^{14}C 加以浓缩，则可测的最高年限达 7 万多年。但是，衰变计数法对于样品量受限制的情况有难以克服的困难。样品量少了就意味着要花更长的计数时间和不可避免地会增加误差，在许多情况下甚至根本无法测定。

表 6—1　　　　　相应年代样品的每克碳中 ^{14}C 的原子数及其衰变率

样品年代	^{14}C/^{12}C	^{14}C 原子数/克碳	^{14}C 原子衰变数/克碳，分
现代	1.18×10^{-12}	5.9×10^{10}	13.6
10000 年	3.60×10^{-13}	1.8×10^{10}	4.06
20000 年	1.05×10^{-13}	5.2×10^{9}	1.21
40000 年	9.34×10^{-15}	4.7×10^{8}	0.108
60000 年	8.31×10^{-16}	4.2×10^{7}	0.010
80000 年	7.39×10^{-17}	3.7×10^{6}	0.0009

长期以来，人们考虑到如果能直接清数样品中 ^{14}C 的原子数，这比等待记录 ^{14}C 原子的衰变要灵敏得多。^{14}C 原子的平均寿命是八千多年，假定样品碳中有 8000 个 ^{14}C 原子，人们大约要等 1 年才能记录到 1 次 ^{14}C 原子

衰变。如能把^{14}C 原子从样品挑选出来清数，那探测灵敏度可大大提高。这一方法称为原子计数法。我们把样品的年代同相应的每克碳中^{14}C 的原子数及其衰变率列一简表则更能说明问题。

所述原子计数法即加速器质谱计数方法，就是将^{14}C 样品经化学制备后引入到加速器的离子源，经电离后加速到高能，再应用近代核物理实验中发展起来的电荷剥离技术、射程过滤技术以及 ΔE—E 探测技术等粒子分离鉴别技术，把^{14}C 离子挑选出来实现对单个^{14}C 原子进行计数。它的实质就是将加速器同质谱仪联合加以改进而成的超高灵敏质谱仪。它比普通质谱仪中最灵敏的质谱仪的灵敏度要高至少 5 个数量级。普通的质谱仪由于离子能量低，无法采用上述的核探测技术和分离技术。高能的重离子探测技术如 ΔE—E 粒子鉴别探测器，它能测定每种离子的动能和电离能量损失率，能够在具有相同动能和质量十分相近的粒子中把不同原子序数的离子区分出来。由此解决了普通质谱仪长期未能解决的问题。

1977 年，缪勒（R. A. Muller）[1] 首先建议使用回旋加速器来加速和直接记录同位素原子，并在美国加州大学贝克莱实验室的 88 吋回旋加速器上做了第一次成功的试验。同时纳尔逊（D. E. Nelson）[2]、高夫（H. E. Gove）[3] 等分别用串列静电加速器成功地测出了样品的^{14}C 原子数。1978 年 4 月在美国罗彻斯特大学召开了"应用加速器进行^{14}C 年代测定"的学术讨论会。到 1985 年止已开过四次加速器质谱技术的讨论会，发展非常迅速。

加速器质谱计数方法显著的特点是：

第一，样品使用量仅及常规法的千分之一，这意味着^{14}C 测年样品的应用范围可以大为扩展。

第二，测定时间大为缩短，一般不超过一个小时。

---

① Muller, R. A., Radiocarbon dating with a cyclotron, *Science*, 1977, 196：pp. 489 – 494.

② Nelson, D. E., Korteling, R. G., Stott, W. R. Carbon – 14：direct detection at natural concentration, *Science*, 1977, 198：pp. 507 – 508.

③ Bennett, E. L., Bcukens, R. P., Clover, M. R., Elmore, D., Gove, H. E., Kilius, L., Litherland, A. E., Purser, K. H., Radiocarbon dating with electro static accelerators：dating milligram samples, *Science*, 1978, 201：pp. 345 – 346.

第三，测定年限有希望扩展到 75000 年以上。而年代测定精度的提高和年限范围的扩大，往往会给考古学和地质学等学科展现出新的图景。

此外，除了测定 ^{14}C 外，作为测定年代的手段，这种方法还被用来测定由宇宙射线产生的另一些放射性同位素如：^{3}H、^{10}Be、^{26}Al、^{32}Si、^{36}Cl、^{39}Ar、^{41}Ca、^{81}Kr、^{129}I、^{205}Pb 等。这些同位素的测定在天体物理和地学研究领域有着重要的应用。

由于设备比较昂贵，技术比较复杂，中国的加速器质谱仪仅限于个别单位而且还处在筹建或调试阶段，目前还没有专用的 ^{14}C 加速器质谱仪。我们相信随着四化建设的发展，不久的将来定会建立起来。

（二）回旋加速器技术

回旋加速器本身就可以作为质谱仪，其质量分辨率很高，已可大大降低荷质比相近的离子干扰。但测量 ^{14}C 时存在大量的 ^{14}N 离子干扰，还必须使用射程分离和粒子鉴别探测器等手段加以消除。全部测量过程可分为五个基本步骤：①样品的电离；②加速离子；③分离出 ^{14}C 离子；④使用 ΔE—E 探测器记录 ^{14}C 原子；⑤将 ^{14}C 原子的计数归一化，算出年代。

首先，将样品碳制备成气体如 CO_2 或 CH_4。从理论上说亦可制备成固体碳如石墨。离子源可装在加速器外部或它的中心，可用正离子，亦可用负离子。回旋加速器可以选择加速 ^{12}C、^{13}C、^{14}C 离子。在加速 ^{14}C 离子时只有 ^{14}N 与之一起加速，而 ^{12}C、^{13}C 及其他同位素离子均不被加速。已被加速的高能离子经过聚焦磁场、偏转磁场和射程过滤器进一步分离选择。射程过滤器的原理是：能量和质量相同的粒子在物质中的射程大致与原子序数 Z 的平方成反比，所以当干扰离子的原子序数比碳大时就可以用适当的吸收物质将它吸收掉。通常用气体氦作为吸收阻止材料。^{14}N 的 Z 等于 7，^{14}C 的 Z 等于 6，两者射程相差 30%。射程过滤器可以设计成正好将 ^{14}N 离子全部阻挡住，而 ^{14}C 离子能全部穿过，并进入后面的 ΔE—E 探测器。ΔE—E 探测器是由两只探测器组成。ΔE 探测器在前，E 探测器在后，犹如望远镜中的物镜和目镜，所以又称 ΔE—E 探测望远镜。ΔE 探测器是测定离子的能量经电离的损失率即比电离 dE/dx，它大致正比于 MZ^2/E。因此具有相同能量 E 和相同质量 M 的离子，只要原子序数 Z 不同，电离损失率就

不会相同。从而可以根据 ΔE 和 E 的二维谱图加以区分。因 E × (dE/dx)
≈MZ², 所以在 E 和 dE/dx 的平面上不同原子序数的离子落在不同的双曲
线上。如果将 ΔE 和 E 的讯号分别送入多道脉冲幅度分析器, 其一作为 X
轴讯号, 另一作为 Y 轴讯号, 就可以得到二维测量能谱图。这样既可以区
别出离子的种类, 同时又记录到离子的数目。图 6—1 为一个二维能谱测
量的实例, 可以按原子序数区分得很清楚。①

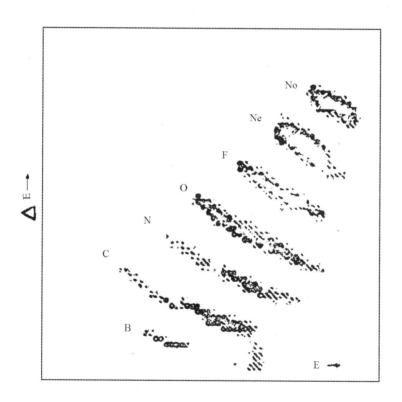

图 6 — 1　不同元素的二维能谱图

为了计算样品的年代, 必须对测得的 ^{14}C 计数进行数据归一化。使用
归一化的方法有两种: 一种是将 ^{14}C 计数对样品碳的稳定同位素 ^{12}C 进行归

---

① Purser, K. H. , Litherland, A. E. , Gove, H. E. , Ultra-sensitive particle identification systems based upon electrostatic accelerators, *Nuclear Instruments and Methods*, 1979, 162: pp. 637 – 656.

一，求得 ^{14}C/^{12}C 比值，即可计算出样品的年代。由于 ^{12}C 比 ^{14}C 的原子数多 10^{12} 倍，不可能采用粒子计数法，但可以通过对 ^{12}C 作同样的加速分离，用法拉第筒代替粒子计数器来测量 ^{12}C 的束流值，然后与 ^{14}C 计数进行比较。也可以在离子源出口束流中在加速之前分离出 ^{12}C，若知道 ^{14}C 加速效率的话，就可以使用这个 ^{12}C 束流来归一。另一种归一办法就如同常规断代中相对测量的办法一样，先后测得现代碳标准样品和未知年代样品的 ^{14}C 计数率，由两者之比来计算出样品的年代。当然在这种相对测量中，要尽可能保持测量条件的先后一致，或者对测定的数据作必要的修正，方能得出正确的年代数据。

缪勒曾用回旋加速器测量了一个 ^{14}C 数据，可以同常规测量结果相比较。[1] 提高测量精度的障碍主要是污染和"记忆效应"。所谓"记忆效应"，是指上一次测的样品会被器壁吸附，下一次测样时被释放出来，造成不同程度的污染。对于高精度测量，这是一个严重的问题，改进的措施倾向于采用铯溅源装于加速器外部，来加速碳的负离子进行测定，也有计划建造小型专用回旋加速器，采用负离子源，省去射程分离和 ΔE—E 探测器等昂贵设备以降低成本。但这样设计的本底如何，还有待实验证明。

(三) 串列静电加速器技术

在贝克莱小组使用回旋加速器进行试验的同时，罗彻斯特大学和麦克马斯特大学利用串列静电加速器作了 ^{14}C 测量。而目前投入实际使用的正是串列静电加速器，并有了成型的产品可以订购。利用串列静电加速器有其特殊的优点：

①离子源和探测器均处于地电位。

②可以采用电荷剥离技术，将碳的负离子转变为正离子，进一步消除干扰。

③可以精确控制加速离子的能量，有利于配合探测器的工作而进一步

---

① Muller, R. A., Stephenson, E. J., Mast, T. S., Radioisotope dating with an accelerator: A blind measurement, *Science*, 1978, 201: pp. 344 –348.

消除本底。

④可以同时加速和分析^{12}C、^{13}C、^{14}C，更能保证相对比例的精确性。

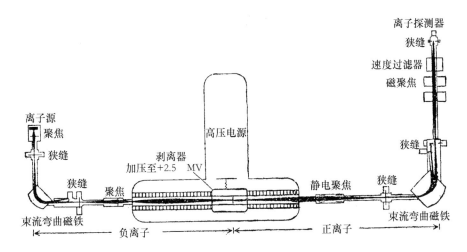

图6—2　串列静电加速器示意图

图6—2是用于^{14}C测定的串列静电加速器系统示意图。[①] 在这个系统里，离子源用固体石墨碳，采用铯溅射法形成负离子碳，由于^{14}N不能形成稳定的负离子，所以一开始就消除了^{14}N的干扰。负离子经过初步加速和偏转磁场进行预选，再加速到高能通过剥离器把碳的负离子变为正离子，继续加速进入后面的轨道。所有分子离子经过剥离器以后都被粉碎成单个的原子离子。因此诸如^{13}CH、^{12}CH，许多质量为14的分子离子，原来会同^{14}C原子一起加速而不易分辨，经过剥离器以后，再经磁场分选就全部消除了。被加速到高能的^{14}C正离子再使用射程过滤器和ΔE—E探测器对它进行单个原子计数，其过程同上述的相同。

为了对^{14}C计数进行数据归一化，可以通过改变磁场来测定^{12}C和^{13}C，或者利用碳的三个同位素在磁场中偏转角度不同，用相应的方法同时分析测定^{12}C、^{13}C和^{14}C，根据^{14}C所占的比例来求得^{14}C年代。现在专用的^{14}C年

① Gillespie, R., Hedges, R. E. M., White, N. R., The Oxford radiocarbon accelerator facility, *Radiocarbon*, 1983, 25(2): pp. 729 - 737.

代测定串列静电加速器系统由电子计算机控制，采用不同的探测器，可同时测出 ^{14}C 和 ^{12}C、^{13}C 的计数，即时给出年代数据。

用串列静电加速器测定 ^{14}C 年代的技术获得了可喜的成果，已可大量提供年代数据。英国牛津大学考古和艺术史研究实验室装备有专用的串列静电加速器为考古测定年代，他们使用串列静电加速器测出了数以百计的考古年代数据[①]。实际上，这种方法本身可以做到本底计数非常低，但目前测出的年代数据精度同常规测量还不相上下，其原因是微量样品的处理难免有一些污染，另外离子束流的稳定性还不能达到理想的高精度。^{13}C 虽然可以测出来，但其精确度还远不如质谱仪测定的结果。要达到理想的精度，扩展可测年代范围，技术上还有待进一步改进——主要是要解决如何消除样品处理中的微量污染和改善离子束流输送过程中的球色散等问题。

（四）　对样品制备的要求

加速器质谱计数方法对样品的制备有两个特殊要求：第一，样品的制备要求采用微量操作技术；第二，要将微量碳样制成离子源中的样品靶，以适应加速器质谱计数方法中产生离子的需要。

样品化学制备的过程，仍然同常规法一样，将样品中的碳提取出来，制备成纯化学物质。但因为使用的样品碳量仅及常规法的千分之一，几毫克固态碳或几毫升二氧化碳气体（CO_2），现在却是全部的样品量。因此无法使用常规制样的操作系统，必须使其微型化，适应微量操作的需要。各种器具如反应器、量具、转移用具、纯化系统等都必须微型化。样品制备中的防污染要比常规法更严格。因为不仅是样品量比常规法小了一千倍，而且污染物量要按比例也要小千倍。还因为加速器法要求扩展可测年代范围，这就使样品的污染问题显得更加尖锐。例如在常规法中，样品碳中有 0.2% 的现代碳的污染，对测量 4 万年以内的样品并未显出不可容忍的问题。但它的 ^{14}C 含量已相当于 5 万年样品的量，即本来是不含 ^{14}C 的本

---

① Gillespie, R., Gowlett, J. A. J., Hall, E. T., Hedges, R. E. M., Radiocarbon measurement by accelerator masss pectrometry: An early selection of dates, *Archaeometry*, 1984, 26(1): pp. 15 – 20.

底样品，经制样后测出的结果却有 5 万年。这就严重影响了可测年代范围的扩展。因此将来加速器质谱法^{14}C 测定年代可能扩展的年代范围，在相当程度上取决于取样时去污染和制样过程中防污染所能达到的水平。

加速器质谱法对样品靶有极其严格的要求。样品靶必须能产生持久稳定的、有一定强度的离子束流，否则就不能达到测量的高精度。加上测定年代的需要，对样品靶的制备概括起来有下列几点要求：

①靶上的样品碳要分布均匀，能产生持久稳定的离子束流，一般要求离子束流大于 10 微安，时间能持续半小时以上。

②靶上的碳能转成离子的总效率越高越好，一般在 5%—10%。

③靶上的碳同位素成分要均匀，否则会引起不稳定的同位素分馏效应。

④重复性要好，即同一样品分别多次制成的靶，各项参数能够保持相同。

⑤要严格防止污染。

原则上，只要能满足上述要求的含物质的靶都可以使用。通常气体靶比较简单，产生的离子束流也强，不需要特殊制备。但由于气体靶有"记忆效应"，严重影响高精度测量，如能设法解决"记忆效应"的问题，则气体靶是最理想的。固体靶有多种多样，例如无定形碳粉靶、碳粉与金属粉混合的靶、碳化合物靶、石墨靶等，而以石墨靶比较理想。它的离子转换效率比较好，可达到 10%，产生的离子束流比较强，可达到 25μA 以上，而且使用寿命也比较长，可达到半小时以上，能满足测量的要求。

制备石墨靶的方法也有多种多样。一般采用高温高压法或高温裂解法。英国牛津大学考古和艺术史研究实验室加速器质谱^{14}C 年代测定组采用使乙炔裂解出来的碳沉积在加热的钽丝上形成石墨作靶。① 这个方法比较简单易行，效果也比较好。他们用天然石墨作靶的计数率相当于现代碳的 0.05%；裂解石油醚制备的石墨靶计数率相当于现代碳的 0.1%；而对于本底样品经燃烧、化学制备的石墨靶，计数率相当于现代碳的 0.3%。

---

① Gillespie, R., Hedges, R. E. M., Sample chemistry for the Oxford high energy masss pectrometer, *Radiocarbon*, 1983, 25(2): pp. 771 – 774.

这说明在制靶的过程中有污染，化学处理过程中的污染更为严重。因此，目前加速器质谱法还只能测定小于 4 万年的样品，同常规法的水平相当。但对加速器质谱法来说，这种限制不是根本性的，目前的这种状况可望得到改进。如能严格控制污染来源，改善样品制备的实验操作，把¹⁴C 测年范围扩展到 6 万年以上，还是有希望的。

（五）　应用的现状与展望

加速器质谱法作¹⁴C 年代测定的主要特点是需要的样品量少和可以扩展测定年代的范围。这无疑能解决许多常规法无法解决的问题。目前这种方法已经投入使用，每个样品的测定费比常规法约高两倍，但测定的水平同常规法相当。经改进以后可以大大提高测定精度和扩展测定年代的范围。就目前而言，已经解决了使用样品量少的问题，其应用价值表现在：

①许多珍贵文物由于含碳量极少或者不能大量取样，常规法测定无能为力。例如博物馆收藏的王羲之的《兰亭序》原本，是真是假，考证者看法不同，多有争论；资阳人的年代估计很不一致，虽然测定了所在层位含碳物质的年代，但总不如测定资阳人人骨化石本身的年代具有说服力；史前新石器时代遗址中出现某些农作物的单颗种子，对于研究起源甚为重要，虽然遗址的年代可以测定，但少量作物种子有可能是由于动物的活动搬运进去的，于是会引起争论；诸如此类的问题，应用加速器质谱法取微量样品测定均可获得解决。

②骨质样品是考古中常见的。在旧石器时代晚期遗址或晚更新世地层中，往往出土的含碳有机物甚少，多为残缺不全的零星骨化石，即使样品量足够，常规法也是取其全部有机物或骨胶原测定，算是比较可靠，但也不能保证不受外来碳的污染，甚至也有可能测出错误的年代。加速器质谱法因取样量少——可以取其中一种叫作羟基脯氨酸的物质，它是骨头中特有的氨基酸，不可能是外来的污染物——因而可以保证这种样品碳完全来自骨头。取样量少、年代可靠，这对于研究动物演变和人类活动具有极其重要的意义。

③对地层年代学研究，取样量少意味着对地层中含碳物质的取样选择范围广阔，可以选择最能代表地层年代的样品测定。同时可以对完整的剖

面作系统的薄层取样，以建立更细致的地层年代学。这对于研究植被演变、古气候变化、短期气候变化、环境变迁与沉积速率的关系等许多方面都有重要意义。

④对海水中有机物浮悬粒子作^{14}C 测定，是地球化学家研究碳交换、生物学家研究海洋动物的食物链、地质学家研究海底沉积等都十分感兴趣的问题。取样量少，将为这方面的应用提供极大的方便。

⑤研究冰川，冰层打钻取样，收集冰样中的 CO_2 测定冰层的年代，也只有加速器质谱法能够胜任。

⑥取样量少，使得我们可以测定树木每一年轮中的^{14}C 含量，确定出大气圈中以往每年的^{14}C/^{12}C 比值，对于研究宇宙射线强度的变化、太阳活动与气候变化及相互关系、^{14}C 年代的树木年轮年代校正都极为重要。

上述所举的几个应用方面是很不完全的，但已说明加速器质谱法在^{14}C 测定年代中的特殊地位。无疑，若经过改进定能提高测年精度并将可测的年代范围扩展数万年。在它起作用的范围内，很可能是 8 万年内，将建立起更加细致的考古年代学和地质年代学，为这段时间的自然和人类的发展变化，描绘出一幅幅清晰细致、生动真实的画面。

（原载《考古》1987 年第 6 期）

二　解决商周纪年问题的一线希望

中国历史纪年，从西周共和行政（公元前 841 年）起，才有比较确凿的编年材料。在此之前的历史年代都是根据古籍中记载的帝王世系片段推算出来的，史学界历来众说纷纭。例如对西周元年武王克殷的年代推算就有很多不同的说法，上下最大相差可达 100 多年。各种推算似乎都有其根据，但都无法确证其年代可靠。有些学者根据史籍记载的天文现象进行年代推算，无疑增强了推算的科学性，但因史籍记载资料不很齐全，因此仍然难以得出肯定的结论。在甲骨文发现以前，许多学者仅把夏、商王朝看成是传说时代，当然也谈不上可靠的历史纪年。殷墟的发掘，甲骨文的发现，确证了世系的存在，同时也增加了夏王朝传说史的可靠性。但对于商王朝的历史纪年，也还只能是由史学家们根据古籍中或甲骨上的片言只语进行不完全推算或估计而已。

^{14}C 测年由于它自身不可避免地存在统计误差，一般不能对历史纪年问题发挥作用。但由于商周纪年中有 100 年左右的不确定性，给利用 ^{14}C 测年留下了余地：①目前由于 ^{14}C 测年技术的发展使高精度测量成为可能。对商周时期的 ^{14}C 样品如作高精度测年，可使 ^{14}C 年代误差达到 20 年以内。②高精度树轮年代校正曲线已经制定出来，可以对 ^{14}C 年代数据做较精细的校正。由于树轮年代校正曲线呈锯齿形，使 ^{14}C 年代对应的日历年代往往是多值的。然而，正因为树轮年代校正曲线有此特征，它给古代树木年轮系列的标本的 ^{14}C 年代转换成高精度日历年代提供了可能。③加速器质谱 ^{14}C 测定方法技术的进展，使微量样品的高精度测定成为可能。过去不能取样测定的商周甲骨，现在可以取样测定年代了。甲骨样品在年代上往往与某个王的关系非常密切，即具有明确的历史纪年价值。

有关 ^{14}C 年代的树轮年代校正、利用校正曲线的曲齿匹配和加速器质谱 ^{14}C 法等有下列若干问题。

（一）^{14}C 年代的树轮年代校正

1949 年利比（Libby）建立 ^{14}C 方法之初，论证了自古以来全球大气

^{14}C浓度基本一致这一假定的可信性，因此可以使用统一的大气^{14}C浓度标准计算出古代遗物的生长年代。但是，他鉴于依据的不确定程度，也指出了不排除^{14}C年代有百分之几的误差。[1] 随着^{14}C测定技术不断进步，大气^{14}C浓度的实际变化也不断被揭示出来。[2] 事实上，由于影响大气^{14}C浓度变化的各种因素并非一成不变，会使大气^{14}C浓度有相应变化，^{14}C年代与日历年代的实际差别可以从2000年前的基本一致，到7000年前左右达到偏近约800年。因此，使用统一的大气^{14}C浓度标准计算出的年代需要经过校正才能符合日历年代。

图6—3　树轮衔接延伸示意图

注：同一气候区生长的树木，历年生长木质的宽窄规律一致，可以依据该宽窄规律将不同时期生长的树木衔接起来，从而延伸确定后一树段的生长年代。

---

① Libby, W. F., Anderson, E. C., Arnold, J. R., Age determination by radiocarbon content: World-wide assay of nature radiocarbon, *Science*, 1949, 109, pp. 227 - 228.

② Damon, P. E., Lerman, J. C., Long, A., Temporal fluctuations of atmospheric^{14}C, Causal factors and implication, *Ann. Rev. Earth Plant. Sci.*, 1978, 6, pp. 457 - 494.

　　每年生长一轮的树轮木质，记录了当年大气的 ^{14}C 浓度水平，而每个年轮的生长年代应用精细的树轮年代学方法可以十分精确地得到确定（见图 6—3）。同时，准确测定该树轮的 ^{14}C 年代，将二者比较，即可将 ^{14}C 年代得到精确校正，这就是树轮年代校正方法，现已可以用近万年来生长的树轮校正 ^{14}C 测定年代。经过校正的年代代表了被测物质生长的日历年代。[①]

　　建立树轮年代校正曲线这项工作是十分繁重、相当艰巨的。从 1965 年最早问世的休斯（Suess）曲线开始，先后有达曼（Damen）、拉尔夫（Ralph）等多种校正曲线和表被广泛采用。校正曲线反映了历年来大气 ^{14}C 浓度的变化，有 7000—8000 年的长周期性变化和近百年的中周期性变化，使曲线呈锯齿形。30 多年中，经过几度增订、改进，1978 年综合 1000 多对各实验室的测定数据，建立了统一的曲线和表。[②] 1982 年开始建立高精度树轮年代—^{14}C 年代校正曲线。[③] 1989 年国际 ^{14}C 会议确认该曲线为国际通用的校正曲线和表。20 世纪 90 年代初采用多种校正方法又将 ^{14}C 年代校正延伸到近 2 万年前。目前，延伸 ^{14}C 校正年代、改进校正方法等工作仍在不断进行。[④]

（二）高精度树轮年代校正曲线的特点

　　1973 年，美国 QL 实验室斯托伊弗（Stuiver）首先宣布达到 ^{14}C 年代的高精度测量，^{14}C 测定误差达到 1.5‰—2.5‰（相应年代误差 12—20 年）左右，以后陆续有若干实验室宣布达到高精度水平。在此基础上，1982 年建立的高精度树轮年代校正曲线，逐步完善成为目前国际通用曲线。其特点为：

　　① 蔡莲珍：《碳十四年代的树轮年代校正》，《考古》1985 年第 10 期。

　　② Klein, J., Lerman, J. C., Damon, P. E., Ralph, E. K., Calibration of radiocarbon dates: Tables based on the consensus data of the work shop on calibrating the radiocarbon time scale, *Radiocarbon*, 1982, 24 (2), pp. 103 – 150.

　　③ Stuiver, M., Kra, R. eds., Calibration issue, *Radiocarbon*, 1986, pp. 28 (2B).

　　④ Stuiver, M., Long, A., Kra, R. eds., Calibration, *Radiocarbon*, 1993, pp. 35 (1).

1. 校正曲线的全球通用性质

树轮年代学中需要依据的树轮主年代序列是有区域性的，这对确定树轮的日历生长年代很重要。但是^{14}C在大气中的浓度在全球的分布则有相当的均匀性，一旦年轮的日历年代被确定，应用于^{14}C年代校正则可以在全球通用。为了做进一步验证，学者比较了不同地区树轮木质的^{14}C水平。校正曲线使用的木质首先采用的是美国加州白山生长的刺果松活树，有5000年以上树龄，以后不断用同种死树延接至8000年以上。高精度曲线建立的同时，又采用了欧洲生长的橡树、松树、杉树等作测定比较，结果是一致的。因此，可以认为，高精度树轮年代校正曲线是全球通用的。

2. ^{14}C年代的精确测定

^{14}C测定误差主要来自样品放射性的统计误差和样品在制备和测量过程中的各种实验误差，精确的^{14}C测定要求尽量缩小上述误差，并对真实误差有正确的估计和检验。

高精度测量要求从样品前处理、化学制备到放射性测量都要有严格控制，同时对可能引入的误差作定量校正，并定期进行仔细的自检，从实际测定中推算出K值（实际误差/统计误差），以确保^{14}C测定年代的可靠性。测定中应特别小心，注意保证：①样品本身没有污染；②本底可靠；③苯样纯度高；④仪器本底和效率稳定；⑤制样中没有发生分馏效应和记忆效应；⑥尽量采用单一物质作测定，如用树轮木质中纤维素等。

高精度树轮年代校正曲线采用各实验室提供的数据达千对以上，事前需要进行统一性检验，核实其本身误差的准确性和各实验室间的系统误差，为此反复进行的对比测定达几百次之多。

3. 多种校正方法和校正年代的延伸

1989年，曾经规定超过1万年的^{14}C年代以统一增加1000年为其校正年代，但发现应用其他测年方法时，差异超过了此值。如最近发展的热离子质谱仪方法（Therma Ionization Mass Spectrometry，TIMS），可以精确确定铀系法年龄。在1.5万年时，海洋珊瑚^{14}C年代比TIMS铀系法年代偏近3000—3500年；而年代段较近的铀系法年代与树轮校正年代相符，用几百年海洋珊瑚测其TIMS铀系法年代也在误差范围内一致。^{14}C年代除距今2500—500年外，都有不同程度偏近。1万—3万年间，^{14}C测定比其他测年

法（钾氩法、热释光法、铀系法、湖纹泥法）所得都偏年轻。因此认为
TIMS 铀系法可以为 1 万年以上的 ^{14}C 年代作一级校正。由于海洋珊瑚数量
甚少，需要应用 AMS^{14}C 法对照测定 ^{14}C 年代。目前已可将所测的 18760^{14}C
年代，校正得相当于真实年代 22000 年。①

珊瑚为海洋生物，不同于吸收大气 ^{14}C 生长的物质，起始水平不同，
因此需要用模拟碳循环模式，将适用于海洋起始物质的校正曲线转换成适
用于大气 ^{14}C 起始物质的校正曲线。同时由于海洋中碳循环缓慢，在各不
同海区、不同海域的原始 ^{14}C 放射性也不同，还需要计入不同海区的校正
因素。深海和海洋混合层的校正曲线也与大气的有所不同。因此，根据不
同情况，可采用几种不同类型的校正曲线：取 20 轮树轮对照测定 ^{14}C 年代
所得的校正曲线，适用于大气 ^{14}C 起始物质的样品，校正范围：距今 0 —
18760^{14}C 年；10 轮校正曲线，用于大气样品，校正范围：公元 6000 —前
1950 年；海洋样品校正曲线，校正范围：距今 10000—0 年；混合型（海洋
样品和大气样品）校正曲线，校正范围：距今 18760—0 年。另外，对于
一年生物质可采用（1—4）年轮测定所得的曲线。

4. 计算机化处理程序

处理程序具有多功能性并多次改进版本，使校正 ^{14}C 年代工作大为
简化。

①输入方式

可以用键输入，也可以采用文件方式，同时输入整批数据；各实验室
所使用的 K 值不等于 1 时，可以在输入时重新计算；样品的 ^{13}C 千分差值
在不同于 – 25‰ 时可以按需要重新调整；对于多年生（ > 60 年）样品物
质，校正时可使用曲线平滑方法，以使结果更接近于真实；南半球样品，
统一增加 40 年。

②校正结果的表示方法

一般采用截距方式——^{14}C 年代中心点与曲线相交截点的年代，和
68% 置信度及 99.5% 置信度误差范围截点年代间的距今（BP）或公元
（AD/BC）纪年。几率分布方式，^{14}C 年代具有高斯分布的特点，如果在

---

① Stuiver, M., Long, A., Kra, R. eds., Calibration, *Radiocarbon*, 1993, 35 (1).

校正曲线的直线部分，校正后年代也有类似的几率（见图6—4）。

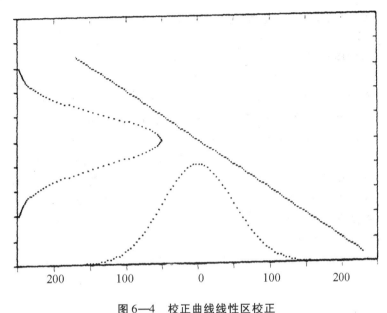

图6—4　校正曲线线性区校正

注：右方直线为校正曲线线性区，左方高斯曲线表示¹⁴C年代分布，下方曲线为校正后年代分布。

　　但如果在校正曲线的锯齿部位，校正后年代的几率分布应如图6—5所示，不再具备原有的年代分布。[1] 校正后年代表示为68%和99.5%置信度水平上落入某年代范围的百分几率。对于不宜以年代表示的测定结果，应计算其¹⁴C千分差值。[2]

　　③选用输入数据及平均值计算

　　对已输入数据可以增补、修改。用数理统计检验或从考古、地质意义上证明属于同时代样品的数据可加以权重平均后校正，校正后年代误差可大为缩小。放射性统计误差受制于实验室设备条件，采用重复制样测定，重复四次可缩小误差一倍。

①　Plicht, J., Mook, W. C., Calibration of radiocarbon ages by computer, *Radiocarbon*, 1989, 31 (3), pp. 805 – 816.

②　仇士华主编：《中国¹⁴C年代学研究》，科学出版社1990年版，第19页。

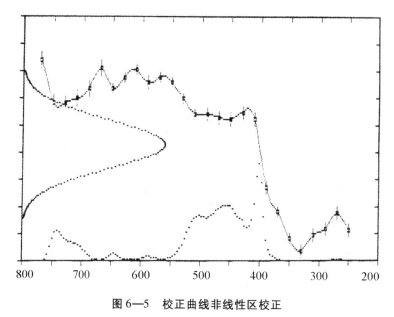

图 6—5   校正曲线非线性区校正

注：右方曲线为校正曲线非线性区，左方高斯曲线表示^{14}C 年代分布，下方曲线为校正后年代分布。

（三）校正曲线拟合匹配

高精度校正曲线呈多锯齿形，各时段形态不一。假定有一系列时序连续的^{14}C 样品，其时间间隔已知或假定有等距间隔，精确测定的^{14}C 年代系列，必然与校正曲线某一时段形状相似。利用实测年代系列在校正曲线上浮动，即可精确确定样品的正确年代。这一方法近年来受到应用者们的重视，对进一步提高^{14}C 测定精确度有重要意义。[1]

（四）加速器质谱（AMS）^{14}C 法

常规法利用探测^{14}C 衰变粒子数计算年代，探测效率低，需要样品的纯碳量为 1—5 克，测量时间长达 20 小时以上。加速器质谱^{14}C 法采用测

---

[1] Manning, S. W., Weninger, B., A light in the dark: Archaeological wiggle matching and the absolute chronology of the close of the Aegean Late Bronze Age, *Antiquity*, 1992, 66, pp. 636 – 663.

量^{14}C原子数目方法，需要碳量减小了千倍，即1—5毫克，测量时间缩短到0.5—1小时。[①] 目前测定精度已可达到1%以内，对于微少样品的^{14}C测定，非此法莫属。

过去积累的^{14}C年代数据，其中商周时期的虽然不少，但并没有专门系统地测定过，且由于误差太大，尚无法得出肯定的结论。我们曾配合考古田野发掘，有意对二里头类型和陶寺类型等文化遗址层位的年代做过比较系统的^{14}C年代测定，根据测出的结果统而观之，陶寺类型早晚在公元前2400—前1800年，二里头类型早晚在公元前1900—前1500年。这与遗址的发掘者认为陶寺类型是夏文化，二里头文化早期属于夏代，晚期属于商代，是相当符合的。对于寻找夏文化在年代上起到了配合作用。但距用于历史纪年的要求还相差很远。尽管如此，我们现在以二里头遗址为例，对有明确层位的^{14}C年代数据对照锯齿状树轮年代校正曲线做一番分析比较。将这些^{14}C年代数据在锯齿状树轮年代校正曲线上转换为日历年代数据应遵循的原则是：①数据点应尽量靠近和符合树轮年代校正曲线。②转换后应在年代上符合层位序列关系，并照顾到层位的时间宽度。

我们可以看到^{14}C年代往往同层位关系是颠倒的。这并非测定的过错，也不仅是因为测定误差大而引起颠倒，而是因为过去大气^{14}C浓度变化反映在树轮年代校正曲线上的非线性引起的实际存在的颠倒关系。所以在将^{14}C年代转换到日历年代时应将这种颠倒的数据在年代上顺过来。我们选出二里头遗址中有明确层位的^{14}C数据共16个，层位上下共分为四期（见表6—2）。然后将这些数据按照上述两条原则填到锯齿状树轮校正年代曲线上（见图6—6）。虽然由于^{14}C年代数据的误差比较大，这种分析还比较粗糙，但所得结论仍然是二里头遗址层位早晚相当于公元前1900—前1500年。同过去对测定结果统而观之的结论相同，却似乎更有内在根据和说服力。由此可以看出，如果对遗址中有明确关系的木头按树轮序列做一系列高精度^{14}C年代测定，就可以推出遗址的高精度日历年代。

---

① 仇士华：《碳十四断代的加速器质谱计数法》，《考古》1987年第6期。

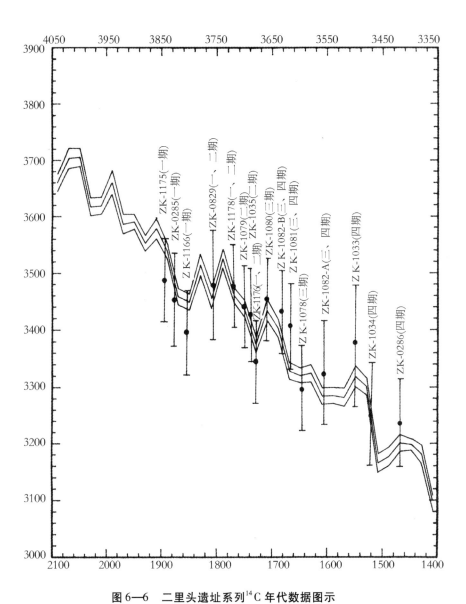

图 6—6 二里头遗址系列^{14}C 年代数据图示

注：转换为日历年代，曲线引自 *Radiocarbon*，1986，28（2B）：p. 921。

表 6—2　　　　　河南偃师二里头遗址有明确层位的 16 个 ^{14}C 年代数据

序号	实验室编号	（测定物质）出土层位（分期）	^{14}C 年代（5568，距今，1950）
序 1	ZK－1175	（木炭）IVT117H29（一期）	3490 ±70
序 2	ZK－0285	（木炭）九队窑场 H3（一期）	3450 ±80
序 3	ZK－1166	（木炭）VTl5（9）（一期）	3400 ±70
序 4	ZK－0829	（木炭）D2 北灰坑（一、二期）	3480 ±100
序 5	ZK－1178	（木炭）VT26（5B）（一、二期）	3480 ±70
序 6	ZK－1079	（木炭）IV1AH5（二期）	3440 ±70
序 7	ZK－1035	（木炭）IIIT14（4）H19（二期）	3430 ±80
序 8	ZK－1176	（谷子）VT20（6C）（一、二期）	3350 ±70
序 9	ZK－1080	（木炭）IVTIAH8（三期）	3470 ±70
序 10	ZK－1082B	（木炭）IVT1A（4B）（三、四期）	3440 ±70
序 11	ZK－1081	（木炭）IVTIA（4A）（三、四期）	3420 ±75
序 12	ZK－1078	（木炭）IVT1AH4（三期）	3300 ±75
序 13	ZK－1082A	（木炭）IVT1A（4B）（三、四期）	3330 ±90
序 14	ZK－1033	（木炭）IIIT1 东扩（3）H23（四期）	3400 ±110
序 15	ZK－1034	（木炭）IT2（3）（四期）	3260 ±90
序 16	ZK－0286	（木炭）VTl3F 内 H87（四期）	3240 ±85

　　商代有很多与王位关系明确的甲骨（牛胛骨），利用加速器质谱的 ^{14}C 测年方法，可以取样做 ^{14}C 测定。西周初期的大墓很多，如西安张家坡遗址、北京琉璃河遗址等都有许多大墓出土很大的棺木，可以取树轮系列样品，做高精度 ^{14}C 年代测定。然后对照 ^{14}C 年代—树轮年代特征曲线，研究推出墓葬的高精度日历年代。这项工作当然实际上有许多复杂的问题，难度也很大，但可算是黑暗中的一线希望，值得追索。

　　（原载《中国商文化国际学术讨论会论文集》，中国大百科全书出版社 1998 年版，第442—449 页。合作者，蔡莲珍）

三 为什么¹⁴C测年能参与"夏商周断代工程"

在"夏商周断代工程"规划时，为了解外国古代文明年代学研究的情况，专门设立了"世界诸古代文明年代学的历史与现状"专题，由东北师大林志纯教授等多位专家完成，已作为专著出版。当代的外国古代文明年代学的研究都采取人文社会科学与自然科学相结合的途径，融合了历史学、文献学、文字学、考古学、天文历法等，20 世纪 50 年代以后加进了¹⁴C 测年方法。"夏商周断代工程"的研究也是类似的。但¹⁴C 测定在两者中的重要性和地位是大不相同。为此，我们把希腊、罗马及中近东的年代学研究同中国的年代学研究作一大致简单的比较。

第一，古代历史的确切起始年代，希腊为公元前776 年（奥林匹克第一届赛会），罗马为前753 年（罗马建城），而埃及和两河流域最早的确切年代是不太清楚的。而中国则根据《史记》，最早的确切年代是公元前841 年。中国确切的编年史不仅是世界上最长的，而且是最详尽的。中国古代文明年代学的研究也一直是世界领先的。1798 年拿破仑远征埃及，随之出现了古代文明年代学研究的高潮，中国由此落后于西方。

第二，在古代文献方面，埃及有公元前3 世纪僧侣曼涅托的《埃及史》，同中国的《竹书纪年》类似，都不太可靠。两河流域有《亚述王表》，可上溯到前15 世纪，各王在位的年数都有记载，而中国自黄帝以来的历谱已经失传。夏及商早期各王在位年数也大多不清楚。

第三，在考古及古文字方面，埃及发现了罗塞塔碑，碑文的内容是颂扬古希腊天文学家托勒密的功绩，有三种不同的文字，象形文字、通俗体文字和希腊文字，内容是相同的，因而由此解读了古埃及的文字。两河流域考古发掘了大量有楔形文字的泥板，而中国则有甲骨文和金文，年代上晚了很多。在希腊青铜器时代，有米诺斯文明和迈锡尼文明，都有文字。早期米诺斯青铜时代约始于公元前3000 年。

第四，在天文历法方面，古埃及以尼罗河泛滥，太阳与天狼星同时升起，为一年的开始。历法是一年365 天一直记下去，约1460 年差一年是一周期。中国《尧典》一年为366 天，但中国为阴阳合历，用闰月来调整。现代，埃及和中国学者都根据文献记载的天象如日食推定年代。两河流域则根据金星的运行规律来推测年代，中国则按木星（岁星）的运行来推测年代。

第五，^{14}C 测定年代在国外是辅助性的，误差较大，可有可无。"夏商周断代工程"则用系列样品方法缩小误差，成为必需的手段。

地中海同周围的古代文明相互间关系密切，文字记录较多较早，互相参照，解决年代问题比较有把握。埃及从前王朝（前 4000 年）、早王朝（前 3000 年）、古王国、第一中间期，中王国、第二中间期、新王国、第三中间期、后王朝时期，共三十一王朝，直到希腊、罗马时期（公元前 332—公元 641 年）基本上排出来了。两河流域，苏美尔（前 2900 年）、巴比伦（南部）（前 18 世纪）、亚述（北部），也有年表。

中国的古代文明是独立而没有间断的，早期无法与其他文明相关联和比较。"夏商周断代工程"同样采取人文社会科学与自然科学相结合的途径，融合了历史学、文献学、文字学、考古学、天文历法等。但在使用 ^{14}C 测年方法和效果方面是有很大差别的。因为中国的夏商西周的考古文化分期比较细致而且连续，而 ^{14}C 测年方面，现在有了高精度树轮校正曲线。使用 ^{14}C 高精度测年同考古分期相结合的系列样品方法，就是按田野考古层位和文化分期采集系列样品，测出一系列 ^{14}C 年代数据，同时用高精度树轮校正曲线做树轮年代校正。因为这些样品在考古上有相对的先后序列，同时做树轮年代校正时能互相制约，因而使校正后的样品日历年代误差大为缩小。国外的古代文明年代学研究，一般都不具备使用系列样品方法的条件，所以，"夏商周断代工程"使用系列样品方法建立误差较小的考古年代框架，在全世界的古代文明年代学研究中是独一无二的。特别是在这个考古年代框架中，有许多个很明显的误差较小、数据可靠的支撑点，使这个考古年代框架有更高的可信度。

当然，要正确利用系列样品测年方法和正确看待所取得的成果，就需要有正确的认识和理解。现将需要注意和澄清的问题，举出如下几点：

①系列样品方法测年要非常仔细，不能掉以轻心。一是要严格掌握 ^{14}C 测定的精度；二是要对考古分期的成熟性有所了解；三是要紧紧抓住树轮校正曲线的特征和年代数据的分布进行研究。

②有人认为 ^{14}C 测定的考古年代误差太大，对"夏商周断代工程"来说，没法用。这是把系列样品方法的测定同单个样品的混为一谈，对系列样品方法毫无认识。

③有人想用 ^{14}C 测定来进行考古分期，甚至对历组甲骨文通过 ^{14}C 测定分出了早晚，这完全是违反系列样品方法规则的。因为考古学家没有分出先后，或甲骨文专家没有分出早晚，靠单个 ^{14}C 样品的测定误差太大，一般不可能分出细致的差别。

④有人认为，既然用系列样品方法定出了年代框架，例如殷墟各期的年代已大致确定，那么现在新发掘出一个墓，就要求测出属于哪一期，这也是不可能的。其理由已如上述。

⑤树轮系列样品的测定，推出该树砍伐的年代是比较准确的。例如二里岗上层文化早期水井中木头的年代，被定为公元前 1400 ± 8 年。这应当是水井年代的上限，也就是由此可以认为二里岗上层早期的年代，不会超过公元前 1400 年。却有人竟然提出，如果砍伐的木头过了一千年才使用，怎么办？

系列样品方法测年是个新生事物，有许多质疑是很正常的。我想在今后的实践中定会逐步解决。

（此文系根据几次方法论证讨论整理而成）

四　晋侯墓地 M8 的 ^{14}C 年代测定和晋侯苏钟

晋侯墓地 M8 是一代晋侯之墓，墓中盗掘出土的晋侯苏编钟有长篇的纪年铭文。学术界对晋侯苏钟的王年有不同意见，并涉及对《史记·晋世家》等有关文献的认识。M8 的 ^{14}C 测年结果有助于上述问题的澄清。

山西曲沃北赵晋侯墓地发现的晋侯和夫人墓共 8 组 17 座，其中的 M8 和 M31 东西并列为一组，位于南排的中央。

M8 于 1992 年 8 月被盗。同年秋季由北京大学考古学系和山西省考古研究所联合清理发掘。① 此墓残存的青铜礼器有晋侯苏鼎 1 件、晋侯斯簋 2 件、晋侯斯方壶 2 件、兔尊 3 件、甗、爵、盉、盘各 1 件、钟 2 件，共 14 件。

另外，此墓被盗的晋侯苏编钟 14 件，由上海博物馆从香港抢救购回。② 此 14 件钟与 M8 所出的 2 件钟铭文前后衔接，遂成完璧。

由于 M8 随葬有晋侯苏鼎、晋侯苏编钟，所以，最后的发掘简报认为 M8 的墓主人应即是晋侯苏。③ 这个意见已为大多数学者所接受。

晋侯苏是哪一代晋侯呢？现在从晋侯墓地发现的铜器铭文中已有 6 位晋侯，他们是晋侯燮马、晋侯喜父、晋侯𩵦、晋侯斯、晋侯苏、晋侯邦父，另外还有一位晋叔家父。这些名号绝大多数与文献不能相应，只有一位例外，这就是晋侯苏。《史记·晋世家》在"献侯籍立"下，《索隐》云："《系本》及谯周皆作'苏'"。这就是说，晋侯苏就是晋献侯籍。这一点非常重要，它在晋侯世系和晋侯墓地之间确立了一个对应关系的基点，可以由此根据晋侯墓地的排列顺序推定其他各墓的晋侯。④

据《史记·晋世家》："自唐叔至靖侯五世无其年数"。五世为唐叔

---

① 北京大学考古学系、山西省考古研究所：《天马—曲村遗址北赵晋侯墓地第二次发掘》，《文物》1994 年第 1 期。

② 马承源：《晋侯苏编钟》，《上海博物馆馆刊》第 7 期，上海书画出版社 1996 年版。

③ 北京大学考古学系、山西省考古研究所：《天马—曲村遗址北赵晋侯墓地第五次发掘》，《文物》1995 年第 7 期。

④ 李学勤：《〈史记·晋世家〉与新出金文》，《学术集林》卷四，上海远东出版社 1995 年版。

虞、晋侯燮、武侯宁族、成侯服人、厉侯福。"靖侯以来，年纪可推"，所以自靖侯以下皆有年数。晋献侯籍，也即晋侯苏，为靖侯之孙、釐侯之子，于周宣王六年立，十六年卒，在位十一年，即由公元前822年至公元前812年。然而，晋侯苏钟使这个问题变得复杂了。晋侯苏钟有长篇铭文，记述晋侯苏于王三十三年随王东征，且有四组年、月、月相、干支齐全的历日可供推算。关于这个三十三年究竟是哪一位周王，现有二说，一谓厉王，二谓宣王。但是，不论是哪一种说法，有一点是相同的，即其结论都认为《史记》和有关的文献有误。那么，《史记》所称"靖侯以来，年纪可推"，以及晋献侯籍即晋侯苏的在位年数，到底可不可信。

北京大学常规¹⁴C实验室和中国社会科学院考古研究所¹⁴C实验室就晋侯苏墓中采集的树枝木炭样品分别做了常规¹⁴C年代测定，所得¹⁴C年代分别为距今2630±30年和距今2620±20年。这表明两室的数据一致，应当可信。对这两个数据取平均值，年代应为距今2625±22年。

众所周知，¹⁴C年代是根据统一的现代碳标准，即与大气CO_2处于交换平衡状态物质的¹⁴C放射性水平计算出来的。但是，由于过去大气¹⁴C放射性水平并非恒定不变，¹⁴C年代需要经过校正才能转换成日历年代。国际上已经建立了全球通用的高精度树轮校正曲线，可以将一万年以内的¹⁴C年代转换成日历年代。高精度树轮校正曲线是通过实际清数树轮生长年代和¹⁴C年代测定建立起来的，由于大气¹⁴C放射性水平受到许多外在因素的影响，树轮生长年代（即日历年代）与¹⁴C年代的关系不是线性的，校正曲线是一条带有许多锯齿的斜线。据统计，在距今8000年到150年间，转换后日历年代误差不仅同¹⁴C年代误差大小有关，而且因处于不同年代段而不同。平均来说，¹⁴C年代误差为±20年时，校正后误差，可能要达到±100年；若为±50年时，可能会到达±160年。可是，在整条校正曲线中却有二三处存在较短的直线部位，使单个¹⁴C年代经校正为历法年代时年代误差反而会大大缩小。[①] 在¹⁴C年代距今2690—2560年间的校正曲线就存在几乎呈直线的特殊情况，而晋侯苏墓出土的木炭标本¹⁴C年代正

---

① McCormac, F. G., Baillie, M. G. L., Radiocarbon to calender date conversion: Calendrical band widths as a function of radiocarbon precision. *Radiocarbon*, 1993, 35 (2), pp. 311–316.

好处于其间（见图6—7、图4—1）。因此，晋侯苏墓的单个^{14}C年代经树轮校正后为公元前808±8年，校正后的日历年代误差范围竟小于^{14}C年代的测定误差。这是由当时大气^{14}C放射性水平的变化决定的，当然也是最近实验室测定误差缩小到了直线区以内的结果。

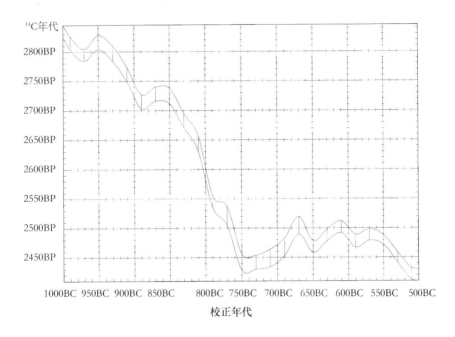

图6—7　相应段高精度树轮校正曲线图

　　上述测定表明，晋侯苏墓的年代为公元前808±8年，和《史记·晋世家》所载晋献侯籍的卒年为公元前812年，即周宣王十六年是相合的，表明晋侯苏确是晋献侯籍，其卒年是可信的。这个结果突出地说明了^{14}C年代测定的可靠性，进一步证明了^{14}C测年在"夏商周断代工程"中可以发挥作用。

　　由于^{14}C测年的结果证实《史记》所载晋献侯籍即晋侯苏的卒年可信，因此，现在应该转换一个角度，从上述测定结果来考虑晋侯苏钟和有关的问题。

　　既然晋献侯籍（苏）死于周宣王十六年（公元前812年），则晋侯苏钟的"佳王三十又三年"就不可能是周宣王三十三年。

持宣王三十三年说者主要有下列几种情况：一是认为按《史记·晋世家》宣王三十三年为晋穆侯十七年，因此，晋侯苏乃是晋穆侯，之所以属之晋献侯，乃是《世本》之误。① 或以为只要把《索隐》的注移到晋穆侯下，问题即可解决。② 另一是根据《国语·周语》千亩之战，系年与《史记》不同，主张宣王的纪年应从共和开始。③ 且不论千亩之战，就按此纪年，晋献侯的卒年也只能是周宣王三十年。上述两种情况都要改动《史记》和有关文献，而且改定之后和晋侯苏钟铭文的各组历日均不能合。④

第一个提出是厉王三十三年的是马承源。他详细考证了晋侯苏钟的铭文，指出厉王以三十七年计，则铭文中的四组历日，除了第二、第三组的干支日序颠倒，需要更正外，与厉王三十三年即公元前 846 年的历表完全相合。应该说这是一个很有说服力的论述。但是，由于与《史记》记载的矛盾，马承源也认为"《史记·晋世家》载晋侯苏在位为宣王时，也是不对的"，"《史记》所载西周晋世家年次之数并不可靠"。

如何解决这个矛盾，李学勤提出了一个新的解释，他同意厉王三十三年说，但钟的铭文却是晋侯苏即位后追记此前跟随厉王东征时的功绩和赏赐。⑤ 换言之，厉王三十三年，晋靖侯当政，晋侯苏为晋侯之孙随王东征，假设当时晋侯苏年方 20 多岁，经晋釐侯，至周宣王六年立为晋侯，时年将近 50 岁，从年龄上来说是合理的。这样，既不改动文献，也肯定晋侯苏钟的厉王纪年。

这次晋侯墓地 M8 的¹⁴C 年代测定的结果证实了《史记》有关晋侯苏卒年的记载是可靠的，同时，对李学勤提出的晋侯苏钟的说法也是一个支持。

（原载《考古》1999 年第 5 期。张长寿执笔，¹⁴C 测定的解释由蔡莲珍撰写）

① 邹衡：《论早期晋都》，《文物》1994 年第 1 期。

② 刘启益：《晋侯苏编钟是宣王时铜器》，《中国文物报》1997 年 3 月 9 日。

③ a. 王占奎：《周宣王纪年与晋献侯墓考辨》，《中国文物报》1996 年 7 月 7 日。b. 李伯谦：《晋侯苏钟的年代问题》，《中国文物报》1997 年 3 月 9 日。

④ 张培瑜：《中国先秦史历表》，齐鲁书社 1987 年版。

⑤ 李学勤：《晋侯苏编钟的时、地、人》，《中国文物报》1996 年 12 月 1 日。

五　^{14}C 断代技术的新进展与"夏商周断代工程"

前言

1949 年，^{14}C 断代的创始人利比（W. F. Libby）公布第一批 ^{14}C 年代数据，宣告 ^{14}C 测年方法取得成功，轰动了整个考古学界和地质学界。[①] 自那时以来，^{14}C 测年方法在考古中的应用主要是在史前年代学方面。世界上许多地区的史前年代学由于有了 ^{14}C 测定年代方法而发生了很大的变革，人们称之为"放射性碳素的革命"。[②] 在中国"也由于 ^{14}C 测定年代方法的采用，使不同地区的各种新石器文化有了时间关系的框架，使中国的新石器考古学有了确切的年代序列而进入一个新时期"。[③]

本文拟简单综述 ^{14}C 断代技术的新进展，并论述"夏商周断代工程"中的 ^{14}C 断代方法。

（一）"夏商周断代工程"的提出

中国的可靠的编年史只能追溯到西周共和元年，即公元前 841 年。更早的年代，包括中国古代文明的重要时期夏商周三代，迄今没有比较完整可据的年代学标尺。对此，两千多年来，众说纷纭，不能得到公认的结果。清代以来发现商周金文较多，后又发现了殷墟甲骨文。国内外不少学者曾根据这些古文字材料复原商周历谱，取得了一系列成果。现代考古学在中国的发展，为夏商周三代文明的研究开拓了前所未有的境界。从考古学和天文历法等方面探索夏商周年代问题的研究成果，可以说已是硕果累累。不过，始终不能达到统一的认识。^{14}C 年代测定虽然在史前年代学方面发挥了重大作用，可由于误差较大，难以解决历史时期的考古年代问题。最近十多年以来，由于 ^{14}C 测年技术向高精度发展，国际上建立了高精度的 ^{14}C 年代—树轮年代校正曲线。加速器质谱技术的完善，可以精确测定

[①]　仇士华主编：《中国 ^{14}C 年代学研究》，科学出版社 1990 年版。

[②]　夏鼐：《碳 14 测定年代和中国史前考古学》，《考古》1977 年第 4 期。

[③]　a. 夏鼐：《中国文明的起源》，文物出版社 1985 年版。b. 中国社会科学院考古研究所：《中国考古学中碳十四年代数据集（1965—1991）》，文物出版社 1992 年版。

微量¹⁴C 样品的年代。所有这些技术的进步，结合夏商周考古的发展，为测定解决夏商周的年代问题带来了一线希望。[①]

1995 年 9 月 29 日，国务委员宋健召开座谈会，提出"夏商周断代工程"重大科研课题，指出要发挥我国社会主义制度的优越性，以自然科学和人文、社会科学相结合，兼用考古学和现代科技手段进行多学科交叉研究，将夏商周时期的年代学进一步科学化、量化，为中国研究古代文明的起源和发展打下良好基础。

1995 年 12 月 21 日，国务委员李铁映、宋健主持会议，研究"夏商周断代工程"重大科研课题的有关问题，并作了一系列重要决定和指示，成立了以邓楠为组长的国家领导小组。

1996 年 5 月 16 日，国务委员李铁映、宋健又一次主持会议，宣布"夏商周断代工程"作为"九五"国家重大科研项目正式启动。

（二）常规¹⁴C 测定的高精度技术

常规¹⁴C 测定是指使用常量样品，如 3—10 克碳，计数其¹⁴C 原子衰变时放射出的 β 射线，即电子。无论用气体正比计数方法或液体闪烁计数方法，经过长期的发展和技术进步，可以说已经达到了极限。仪器的本底计数已经降到每分钟不到一次计数，而且仪器可以做到长期稳定，若经过数千分钟测量，现代标本的精度可达到 2‰，¹⁴C 衰变的计数效率在 70% 以上。对于夏商周时期的标本如作高精度测量，其¹⁴C 年代（不是日历年代）误差可达到 20 年左右。

（三）加速器质谱测定¹⁴C 的方法

加速器质谱测定¹⁴C 是 20 世纪 70 年代末开始发展起来的一种现代核分析技术。它是直接计数样品中的¹⁴C 原子，因而需要的样品量不到常规法使用样品量的千分之一。根据国际上先进水平，目前加速器质谱测定¹⁴

---

① a. Stuiver, M. &Kra. R. S. eds., Calibration issue, *Radiocarbon*, 1986, 28 （2B）: pp. 805—1030. b. 仇士华、蔡莲珍：《碳十四测定年代工作的发展近况》，《文物保护与考古科学》1989 年第 1 期。

C 的精度可达到 3‰—5‰。与常规法相比，它的主要优势在于所需样品量少和测量工效高，几毫克碳样品利用加速器质谱测量，一般仅需数十分钟，高精度测量也只需几个小时或十几个小时。由于使用样品量少，对于珍贵的甲骨、遗址中的炭屑、骨片、残存的少量有机物，甚至于陶器、铜器上的烟炱等等，都可以用来测定年代。[①]

（四）高精度树轮年代校正曲线的建立

根据 ^{14}C 测定年代的原理，^{14}C 年代（T）是根据样品的原始 ^{14}C 放射性水平（A_0）同现存放射性水平（As）之比而计算出来的。计算年代公式为：

$$T = \tau\ln（A_0/As）$$

式中 τ 为 ^{14}C 的平均寿命，ln 为自然对数符号。但是样品的原始 ^{14}C 放射性水平无法直接测定，只能利用现代与大气 CO_2 处于交换平衡状态物质的 ^{14}C 放射性水平来代替。实用上，是规定一个统一的标准，称之为现代碳标准。可是，由于各种原因，过去大气中的 ^{14}C 放射性水平不是恒定的。所以利用统一的现代碳标准计算出来的 ^{14}C 年代并不是日历年代，只能称为 ^{14}C 年代。如何解决 ^{14}C 年代与日历年代间的关系，把 ^{14}C 年代转换为日历年代呢？这就要通过 ^{14}C 年代—树轮年代校正曲线来进行校正。

原来，树木每年生长一轮木质。每一轮木片的 ^{14}C 放射性水平代表了当年的大气 ^{14}C 放射性水平。树轮是可以清数的，它的年代同日历年代相当。树轮的 ^{14}C 年代可以通过测定得出。把树轮的 ^{14}C 年代作为纵坐标，而把树轮生长的年代作为横坐标，就可以得出一条 ^{14}C 年代—树轮年代的对照曲线（见图 6—8）。通过这条曲线就可以把考古样品的 ^{14}C 年代转换为日历年代。这就是一般所说的 ^{14}C 年代的树轮年代校正。

1985 年第 12 届国际 ^{14}C 会议上发表了几条高精度树轮年代校正曲线，^{14}C 年代误差缩小到只有正负十多年。几条曲线稍有差异，但总的趋势基本上是一致的，这就更有利于把 ^{14}C 年代校正到日历年代。因为大气中的 ^{14}C 交换循环相当迅速，因此 ^{14}C 年代—树轮年代校正曲线原则上是全球

[①] 仇士华：《碳十四断代的加速器质谱计数法》，《考古》1987 年第 6 期。

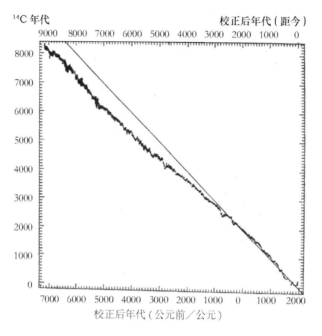

图 6—8   ¹⁴C 年代—树轮年代校正曲线

可以通用的。[①]

（五）由 ¹⁴C 年代转换到日历年代的方法

1. 单个 ¹⁴C 年代数据的转换

可以从 ¹⁴C 年代—树轮年代的对照曲线上找到相应的树轮年代，根据 ¹⁴C 年代的误差找出相应的树轮年代范围，这就完成了由 ¹⁴C 年代转换到日历年代。但是树轮校正曲线是非线性的，一个 ¹⁴C 年代相对应的往往并不是单一的树轮年代值。如图 6—9 所示，如果 ¹⁴C 年代数据是距今 1723 ± 14 年，转换到树轮年代就成为公元 257—378 年。结果，原来误差很小的 ¹⁴C 年代数据，对应的树轮年代范围却相当大，所以单个 ¹⁴C 年代数据往往还是不能准确断代。

---

① 蔡莲珍、仇士华：《树轮年代校正研究的新进展及其应用》，载《第四纪冰川与第四纪地质论文集》第 6 集（碳十四专集），地质出版社 1990 年版。

2. 树轮系列样品^{14}C 年代数据的曲线拟合方法

对于木头样品，如有数十年以上的年轮，可以清数其年轮，同建立树轮校正曲线时一样，每 10—20 轮取一样，连续取若干个样，测出其^{14}C 年代数据，经过与高精度树轮校正曲线匹配拟合，可以把木头的生长年代定准到误差不超过 10 年。具体做法是：先将连续的树轮^{14}C 年代数据，如同树轮校正曲线一样，绘成一小段相对固定的数据曲线。它们的纵坐标是与高精度树轮校正曲线的^{14}C 年代坐标一致的，将此曲线左右滑动平移，同高精度树轮校正曲线匹配拟合，利用目测即可定出最佳位置，也可用数理统计的最小二乘方法加以检验，并算出拟合后的样品树轮年代误差。[1] 这样就可以得到该样品树轮的生长年代，再外推到木头最外一轮的年代，即是该树木被砍伐的年代。如果木头样品与某个考古事件相关联，就可以推断出该事件发生的考古年代。据文献报道，日本奈良古坟时期一土墩墓中的一根木头，外皮保持完好，将其树轮连续取样测定^{14}C 年代，同高精度树轮校正曲线匹配拟合（见图 6—9），确定出木头的砍伐年代是公元 320 ± 5 年。这同古坟时期是相合的。如果木头砍伐的年代同该墓的建造年代一致，则该墓的年代就十分确定了。[2]

3. 层位连续的系列样品^{14}C 年代数据的曲线拟合方法

对于田野发掘的考古层位明确的系列样品，在时间间隔方面，虽不如树木年轮那样规整，但在时代上的早晚次序是明确的，也同样可以利用与高精度树轮校正曲线相匹配拟合的办法。在这种情况下，通过匹配拟合把^{14}C 年代转换为日历年代的原则是：

①数据点应尽量靠近和符合高精度树轮校正曲线。

②转换后应在年代上符合层位序列关系，并照顾到层位的时间跨度。

数据点越密集，则匹配拟合的可靠性越高，相应的断代精度也越高。联系到考古文化内涵，对照系列样品的年代研究并判断考古事件发生的年代，其可靠性和年代精度无疑都大大地提高了。

---

① Pearson, G. W., Precise calendrical dating of known growth period samples using a "curve-fitting" technique, *Radiocarbon*, 1986, 28 (2A), pp. 292 – 299.

② Kojo, Y. Kalin, R. M. and Long, A., High-precision "wiggle-matching" in radiocarbon dating, *Journal of Archaeological Science*, 1994, 21: pp. 475—479.

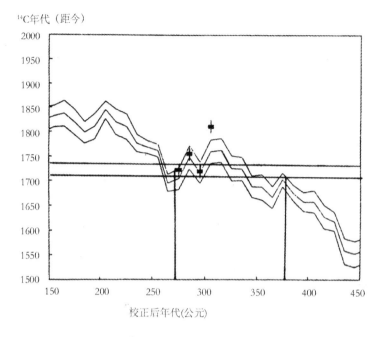

¹⁴C年代（距今）

校正后年代(公元)

图6—9　高精度树轮校正曲线匹配拟合图

（六）"夏商周断代工程"中的^{14}C测年方法

中国夏商周考古学有深厚的基础，可以提供时序连续的系列样品。对于量大的样品可用常规方法测定，简易可行，且精度较高。对于量小的样品可以使用加速器质谱方法测定。中国的^{14}C测定技术在设备上比较落后，但只要在设备上加以补充并作技术改造，就可以作高精度测定。

①陕西长安张家坡的西周大墓、北京琉璃河的西周大墓等都出土大量的相当完好的椁木，清数这些木头的年轮，作为树轮系列的样品，测定其^{14}C年代，再同高精度树轮校正曲线匹配拟合，就可以得出该树木被砍伐的年代，用以讨论墓主人的年代。

为了验证技术上的可行性，我们曾对国家地震局地质所刘若新研究员提供的炭化木做了一系列样品测定。这棵树在长白山天池火山最近一次大喷发时被埋在火山浮石碎屑之中，考察时采回了一段截面完整的炭化木。每20轮取一个样，连续取10个样，使用常规方法测定，将测定结果同高精度树轮校正曲线拟合，得出这次火山喷发的年代为公元1215±15年。刘若新认为这可以同格陵兰 GISP2 冰芯中的公元 1227 年或公元 1229 年事件相对应，同时可以同中国历史上的气候变化相对应。这次试测说明方法是可行的。

②夏商周的主要遗址，如河南偃师二里头遗址、偃师尸乡沟商城遗址、郑州商城遗址、安阳殷墟遗址，陕西长安丰镐遗址，北京琉璃河遗址，山西曲沃北赵晋侯墓地等都出土许多样品，可以组成层位系列样品。例如，武王克殷的年代问题，^{14}C 测定并不能直接得出需要的年代，而考古材料也不能直接提供武王的 ^{14}C 样品。考古材料实际提供的样品是从先周开始到西周，先后分为若干期。将这些有先后次序的样品测出 ^{14}C 年代后，对照高精度树轮校正曲线作匹配拟合研究。然后根据武王克殷时代应属哪一期，比谁早，不比谁晚等，才能推定和估计具体年代。分期越细，数据越多，年代的误差就越小。最后同历史观点和天文历法推定的结果做比较研究，如果同天文历法推定的结果一致，就可以倾向于肯定武王克殷的绝对历史年代是哪一年。

我们曾对二里头遗址一至四期的 16 个 ^{14}C 年代数据作了曲线拟合试验①，可以看出 ^{14}C 年代有时同层位关系是颠倒的，但这并非测定的过错，也不仅是因为测定误差大引起了颠倒，而是因为过去大气 ^{14}C 浓度变化反映为树轮年代校正曲线的非线性引起的实际存在的颠倒关系。所以，在将 ^{14}C 年代转换到历法年代时，这种颠倒的数据自然在年代上就顺了过来。虽然，由于 ^{14}C 年代数据的误差比较大，这次分析还比较粗糙，但所得结论与过去对测定结果统而观之的结论相同，似乎更有内在根据和说服力。②这类问题同样可以用贝叶斯公式做数理统计处理和表述。③

③殷墟和西周遗址出土很多带字甲骨，不少卜骨与王有明确关系。利用卜骨组成系列样品，使用加速器质谱法测定，因为取样量极少，基本上不会损坏卜骨的完整性。用这种方法作曲线拟合的结果，在逻辑上有希望

---

① 仇士华、蔡莲珍：《解决商周纪年问题的一线希望》，《中国商文化国际学术讨论会论文集》，中国大百科全书出版社 1998 年版。

② 仇士华、蔡莲珍、冼自强、薄官成：《有关所谓"夏文化"的碳十四年代测定的初步报告》，《考古》1983 年第 10 期。

③ Christen, J. A. and Litton, C. D., A Bayesian approach to wiggle—matching, *Journal of Archaeological Science*, 1995, 22: pp. 719—725.

得出有关王的大致日历年代。

　　通过以上方法得出的年代数据，可供考古学、历史文献、古文字、天文历法等学科作综合交叉研究。显然，¹⁴C 测定是根据考古发掘出土的含碳样品独立进行的，不依赖古文献的记载。¹⁴C 测定的结果可能筛选掉许多根据不足的说法。如果天文历法计算出的某些结果正好同年代测定的结果在缩小了的误差范围内相一致，则可以认定天文历法计算出的结果是准确可用的。这种多学科综合交叉研究的方法，难度虽然很大，但其所得结果更具科学性。相信经过各方面的努力，肯定能做出新的成果，将夏商周年代学推进到前所未有的水平。

（原载《考古》1997 年第 7 期，合作者，蔡莲珍）

六 "夏商周断代工程"中的多学科合作

"夏商周断代工程"是人文社会科学和自然科学的专家联合实施的系统工程。以多学科合作方式联合研究攻关，取得了重要成果：①根据考古系列样品的年代测定，得出考古学的 ^{14}C 年代框架。②依据古文献的天象记录，天文计算定出懿王元年为公元前 899 年；武王克商年为公元前 1046 年；武丁登基年为公元前 1250 年；均与 ^{14}C 测年结果相合。③根据西周青铜器铭文的记时词语，排出金文历谱，在年代框架内排出西周王年表。④根据殷墟的甲骨文和文化分期、商后期的周祭祀谱、武丁年代和文献记载，在年代框架内排出商后期王年的大致情况。⑤商前期主要根据郑州商城和偃师商城的考古分期和年代测定，结合文献，估定夏商分界的年代。⑥夏代主要是根据二里头文化分期和年代测定、王城岗文化分期和年代测定以及结合文献和参考夏代的五星连珠、仲康日食等的天文计算，估定夏代的始年。

夏商周三代是中国古代文明由兴起到繁盛的重要历史时期，但是中国古书记载的上古确切年代只能上推到司马迁《史记》《十二诸侯年表》的开端——西周共和元年，即公元前 841 年，再往前就存在分歧。两千年来，历代学者不断努力，试图解决。但由于涉及的领域很广，而研究大多是分别进行，研究的材料和手段有限，所以在一些关键点上始终没有突破，学术界一直不能达成共识。

"夏商周断代工程"的总目标是制定有科学依据的夏商周三个朝代的年代学年表。实施工程的研究途径主要是两条：

①对传世文献的甲骨文、金文等古文字材料进行搜集、整理、鉴定和研究，对有关的天文历法记录通过现代天文计算推定其年代。

②对有典型意义的考古遗址和墓葬资料进行整理和分期研究，并作必要的发掘，取得系列样品，进行常规和 AMS（加速器质谱技术）的 ^{14}C 年代测定。

③对各课题通过以上两条及其他途径取得的结果，进行综合、深化，得出尽可能合理的年代学年表。

这是一项由人文社会科学和自然科学的专家联合实施的系统工程。在过去五年间，来自历史、天文、考古和¹⁴C 测年等不同学科的 200 多位专家，在 9 个课题 40 多个专题的研究中进行联合攻关，取得了重要成果。《夏商周断代工程 1996—2000 年阶段成果报告》已经出版。

实施工程研究的特点是以多学科交叉的方式集中力量联合攻关。以下略加说明。

（一）　武王克商年代的推定

武王克商之年是商周分界、三代年代学的关键点。两千多年来中外学者根据各自对文献和西周历法的理解立说，形成了至少 44 种结论，最早的为公元前 1130 年，最晚的为公元前 1018 年，前后相差 112 年。"夏商周断代工程"的主要任务之一是较为精确地推求武王克商之年，其技术路线是：

①在 1997 年发掘的陕西长安遗址中，97SCM 探方 T1 由一组系列地层单位组成。其中最底层的 H18 灰坑，属先周文化晚期。叠压在 H18 之上的是 T1 第④层，属西周初期。这一地层为从考古学上划分商周分界提供了理想的地层依据，武王克商之年应落在这一年代范围内。上下地层都出有可供测年的样品，组成地层系列样品测出商周分界的年代范围为公元前1050—前 1020 年。

②根据对殷墟系列样品、琉璃河遗址和山西曲沃遗址的系列样品的¹⁴C 测定，可以得出殷墟年代和西周年代间交接处，其与陕西长安测出的武王克商的年代范围一致。

③对殷墟甲骨宾组卜辞中五次月食的研究，天文推算出武丁在位的绝对年代是公元前 1250—前 1192 年。考虑到其后诸王年代的记载及商末三王年数的研究，得出武王克商年代范围也在公元前 1050—前 1020 年之间。

④根据古代文献与金文中的武王克商前后天象与历日，通过现代天文学方法回推武王克商天象，得到公元前 1044 年和公元前 1046 年两个方案，均在公元前 1050—前 1020 年范围内。另外，根据古本《竹书纪年》，西周积年为 257 年，而以平王东迁之年，即公元前 770 年为西周末年，则得克商年为公元前 1027 年。此三说，都有一定的合理性。经过有关学科

专家反复研究，认为公元前 1027 年说，虽曾有不少人认可，但与"夏商周断代工程"所定金文历谱难以整合，也不能与天象记录相合。借助现代天文软件，推算武王伐纣战役的日程表，其研究思路具有明显的创新性。如前所述，回推所得的年代之一是公元前 1044 年，此年代虽与古文献的天象记录相合，但与"夏商周断代工程"金文历谱研究结果难以整合，而另一个回推年代，即公元前 1046 年，则可与"夏商周代断工程"的西周金文历谱较好衔接，于是，将其选定为武王克商年代的最优答案。

（二）西周王年的排定

西周王年的推定，以下列几方面的研究工作为依据。

①西周考古学文化序列研究与 ^{14}C 测年。西周自武王克商到幽王，共 11 世 12 王，共和元年以前的 10 个王见图 6—10：

$$^1武王—^2成王—^3康王—^4昭王—^5穆王—^6共王—^7懿王—^9夷王—^{10}厉王—共和$$

$$|$$

$$^8孝王$$

图 6—10　共和元年以前的 10 个王

与西周年代学相关的考古研究，除了陕西长安遗址外，主要集中在北京房山琉璃河遗址和山西曲沃晋国遗址。根据这两个遗址的西周文化分期提供的系列样品，进行了 ^{14}C 测年研究，已经建立起自西周初开始的比较完整的西周年代框架。

②为了构建最合理的金文历谱，首先要研究西周历法的基本规则。按研究结果认为的要点是：第一，西周历法采用"朔"或"朏"为月首，在认识"朔"以前，当以"朏"为月首，"朏"指新月初见，一般在初二、初三。第二，西周历法岁首，一般在冬至所在之月，称为"建子"，若在次月，称为"建丑"。第三，采用年终置闰。第四，西周改元的方法有当年改元——新王即位的当年称新王元年。逾年改元——新王即位的次年称新王元年。

③在西周青铜器中，年、月、纪时词语与日名、干支几要素俱全的共

约 60 件。按诸器的出土情况，形制、纹饰等做类型学研究，进行分期断代，先后排序。

④西周青铜器铭文中的记时词语，习称"月相"，是周人记述月内日序的一种方法。学术界关于记时词语含义的解释颇有分歧，有定点说、四分说、二分二点说、二分一点说等。"夏商周断代工程"对西周晚期厉、宣、幽王时期的铜器铭文进行归纳，对金文纪时词语认识是：第一，"初吉"，出现在初一至初十。第二，"既生霸"，是从新月初见到满月。第三，"既望"，是满月后月光的光面尚未显著亏损。第四，"既死霸"，是从月面亏缺到月光消失。

⑤西周年代框架已有几个确定点，即西周始年已定为公元前 1046 年。懿王元年"天再旦"，被天文推定为公元前 899 年。已知共和元年为公元前 841 年。又根据《史记》载，穆王在位 55 年。晋侯苏钟出土于晋侯墓地 M8 中，铭文纪年为王三十三年。而根据 M8 的 ¹⁴C 年代测定结果，同《史记·晋世家》载晋侯苏卒于周宣王十六年相吻合。所以，晋侯苏钟的铭文三十三年，当属厉王。由此，《周本纪》载厉王在位 37 年，也可以认定。

⑥西周金文历谱的排定。过去金文历谱的排定结果，缺陷是很明显的。单件铜器根据铭文和记时词语排出的年代有周期性，是多解的。现在有了确定的西周年代框架和几个王的元年，以及在位年数，还有上述多方面的研究成果的制约，在此框架内可以结合铜器类型排出当前最好的西周金文历谱，从而得出当前最佳的西周王年表如下：

武王—4 年，公元前 1046—前 1043 年

成王—22 年，公元前 1042—前 1021 年

康王—25 年，公元前 1020—前 996 年

昭王—19 年，公元前 995—前 977 年

穆王—55 年，公元前 976—前 922 年（共王当年改元）

共王—23 年，公元前 922—前 900 年

懿王—8 年，公元前 899—前 892 年

孝王—6 年，公元前 891—前 886 年

夷王—8 年，公元前 885—前 878 年

厉王—37 年，公元前 877—前 841 年（共和当年改元）

（三）商后期王年的排定

商后期指盘庚迁殷至商朝灭亡，其间 8 世 12 王的世系见图 6—11：

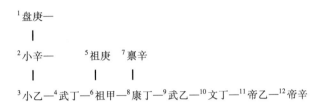

图 6—11　盘庚迁殷后的商王世系

1. 殷墟文化分期与 ^{14}C 测年

河南安阳殷墟是商后期都城所在，自 1928 年开始发掘至今，已有 80 余年。殷墟文化分为四期，比较成熟。除一期样品较少外，提供了足够的系列墓葬人骨样品，经 ^{14}C 测定研究得出了详细的年代框架。

2. 由宾组卜辞中的五次月食，推定武丁在位年代

从甲骨文的字体分析，五次月食均属武丁晚期到祖庚时期，所以历时以不超过 30 年为妥。天文计算表明，在公元前 1500—前 1000 年间只有一组年代既符合卜辞干支，又符合月食顺序，而且年代范围在 20 年内，显然是最佳选择。

癸未夕月食	公元前 1201 年
甲午夕月食	公元前 1198 年
己未夕月食	公元前 1192 年
壬申夕月食	公元前 1189 年
乙酉夕月食	公元前 1181 年

甲骨文专家认为壬申夕、乙酉夕月食应下延至祖庚，而武丁在位 59 年是公认的，武丁在位的年代为公元前 1250—前 1192 年。这同殷墟文化分期的 ^{14}C 测年结果完全吻合。

3. 周祭研究

商代晚期，商王用五种方法、按固定顺序轮流祭祀先王及其配偶。一个祭祀周期称为一祀，长度约等于一个太阳年。学者称为周祭，有记时作用。根据商末黄组卜辞和金文周祭材料，同金文历谱相似，由帝辛祀谱推得帝辛元年的可能年代为公元前 1085 年、前 1080 年、前 1075 年、前 1060 年等。考虑到商周分界在公元前 1046 年，因而，帝辛元年选定在公元前 1075 年。根据帝乙祀谱选定帝乙元年在公元前 1101 年。

4. 商后期年代的整合

根据文献，盘庚 14 年迁殷，盘庚与小辛、小乙是同代三王，武丁元年由宾组卜辞推定在公元前 1250 年，在位 59 年，因而把盘庚迁殷的年代估定在公元前 1300 年是比较妥当的。根据古本《竹书纪年》，武乙在位 35 年，文丁在位 11 年。从上述情况，可得商后期王年的大致情况如下：

盘庚迁殷公元前 1300 年；经小辛、小乙至武丁共 50 年，武丁 59 年，公元前 1250—前 1192 年；祖庚、祖甲、廪辛、康丁共 44 年，公元前 1191—前 1148 年；武乙 35 年，公元前 1147—前 1113 年；文丁 11 年，公元前 1112—前 1102 年；帝乙 26 年，公元前 1101—前 1076 年；帝辛 30 年，公元前 1075—前 1046 年。

（四）商前期的年代框架

主要根据商前期考古学文化的分期与测年以及古代文献有关商年记载的研究。郑州商城和偃师商城是商前期的两处重要城市遗址，很可能是商前期的都城遗址。根据文化分期与 ¹⁴C 测年。两城的始建年代都没有超过公元前 1600 年。文献记载的商积年有多种多样，古本《竹书纪年》记载，"汤灭夏，以至于受，二十九王，用岁四百九十六年"。但商代如计入未立而卒之太丁，应为三十一王，即二十九王之中未包括帝乙、帝辛二王。故商代总积年应为 496 + 26 + 30 = 552 年。"夏商周断代工程"多数有关专家取此说。由公元前 1046 年上推 552 年为公元前 1598 年。结合 ¹⁴C 测年数据加以整合，因此取整估定，商始年或夏商分界为公元前 1600 年。

（五）夏代年代学研究

研究的主要依据是考古文化分期与^{14}C测年，和夏代有关天象记录的推算以及关于夏年的文献记载。

1. 考古分期与^{14}C测年

以河南洛阳二里头文化早期遗址为代表的遗存，称为二里头文化。二里头文化早期是公认的夏代文化遗存。经文化分期与^{14}C测年研究，二里头一期不可能超过公元前1880年。这不可能是早期夏文化。多数考古学家认为夏文化早期要在河南龙山文化中去寻找。河南登封王城岗古城遗址，属河南龙山文化晚期。经文化分期与^{14}C测年研究，其年代范围在公元前2190—前1965年。

2. 天象记录的天文推算

文献中记有"禹时五星累累如贯珠，炳炳若连璧。"天文推算认定公元前1953年2月中旬至3月初，在黎明时的东方地平线上，土星、木星、水星、火星和金星排成一列，在2月26日五大行星之间的角距离小于4度。这是五千年以来最壮观的一次五星相聚。然而，文献中"禹时"常泛指夏代，故不能据此确定夏禹在位的年代。

仲康日食被认为是世界最早的日食记录，《尚书·胤征》篇中有"乃季秋月朔，辰弗集于房，瞽奏鼓，啬夫驰，庶人走。"解说了九月初一，太阳、月亮没有在房宿会合而发生日食，于是有乐官击鼓，田夫驱驶，民众奔跑的一片惊慌景象。然而，根据现代天文推算，夏代季秋之月太阳并不在房宿。若只按季秋朔之日食推算，则在洛阳地区发生大食分日食时间，应有公元前2043年10月3日、公元前2019年12月6日、公元前1970年11月5日和公元前1961年10月26日等几次，这些信息可供夏初年代的参考。

3. 夏代始年的估定

该估定主要依据有关夏代积年文献记载的研究，同时参考天文推算的结果及相关考古文化分期与^{14}C测年数据。根据《竹书纪年》记载："自禹至桀，十七世，有王与无王，用岁四百七十一年。"今采用此说，从夏商分界公元前1600年上推471年，则夏代始年取整暂定为公元前

2070 年。

从上述情况我们可以看出，经过"夏商周断代工程"得出的年表，与以前的所有年表，科学依据明显增加，特别是商后期和西周共和元年以前的年表，有了比较准确的王年。而商前期也有了比较可靠的年代框架。夏代由于考古学对夏文化的研究和认识还不够完善，只能估定一个粗略的年代框架。总之，目前的结果只能是一个阶段性成果。夏商周年表的完善，还有待今后持续不断的努力。

（原载《文物保护与考古科学》2002 年第 2 期，合作者，蔡莲珍）

七　关于考古系列样品¹⁴C 测年方法的可靠性问题

利用考古系列样品的¹⁴C 测年方法，就是把田野考古的层位和文化分期的相对年代序列转换为精度较高的绝对年代序列，从而定出考古事件的日历年代，使误差缩小。这种方法在"夏商周断代工程"中发挥了重要作用。由于方法和概念都是新的，虽然在考古刊物上曾做过全面介绍[①]，但在考古界还有一些人不理解，或者怀疑方法的可靠性。因此，有必要针对一些问题做一次简明扼要的和普及性的论述，以便更有效地推广应用。

1. ¹⁴C 年代不是日历年代

目前考古界已众所周知，由于过去大气中¹⁴C 放射性水平有起伏变化，因此，根据统一的现代碳标准和根据测出的考古样品的残留¹⁴C 放射性水平计算出的样品的¹⁴C 年代不是日历年代。要经过年代校正，才能转换到日历年代。

2. 高精度¹⁴C 年代—树轮年代校正曲线

树木每年生长一轮，称为年轮。树木年轮可以同日历年代相对应。同时，树木的每一轮木片可以测出相应的¹⁴C 年代。若以树木年轮的¹⁴C 年代为纵坐标，相应的树轮年代（日历年代）为横坐标，即可绘制出一条曲线，称为¹⁴C 年代—树轮年代校正曲线。目前¹⁴C 年代的误差可以到 ±20 年以内，可算是高精度水平。1986 年以来公布的树轮校正曲线都是高精度的。可以论证这种校正曲线是全球通用的，实践证明也是如此。[②]

3. 单个样品的¹⁴C 年代校正

任何一个样品的¹⁴C 年代都可以通过树轮校正曲线转换为日历年代。但是，由于曲线是不规则的，起伏无常，各时段的特征都不一样。同一¹⁴C年代在校正曲线上可以对应几个点，因此，一般校正后的年代误差会

[①]　a. 仇士华、蔡莲珍：《碳十四断代技术的新进展与夏商周断代工程》，《考古》1997 年第 7 期。b. 蔡莲珍、仇士华：《贝叶斯统计应用于碳十四系列样品年代的树轮校正》，《考古》1999 年第 3 期。

[②]　Stuiver, M. & Kra, R. eds., Calibration issue, Radiocarbon, 1986, 28（2B）：pp. 805—1030.

增加，只有极少数几个时段校正后误差会缩小。①

4. 树轮系列样品的 ^{14}C 年代校正

对于保存完好的古代木头样品，如有 50 年以上的树龄，并且其年轮可以清数，则可同建立树轮校正曲线一样，每 10 轮取一个样，连续取 5 个以上的样，测出其 ^{14}C 年代数据，经过与树轮校正曲线匹配拟合，可以把木头的生长年定准到误差不超过 10 年。例如，河南郑州商城二里岗文化上层一期水井中出土的井框圆木，测出最外轮的年代为公元前 1400 ± 8 年。这应相当于水井建造年代。②

5. 按文化分期或者地层连续的系列样品的 ^{14}C 年代校正

这类系列样品在相邻时间间隔方面，虽不如树轮那样规整，但在时代上的早晚次序是明确的，也同样可以利用同树轮校正曲线相匹配拟合的方法，获得较好的效果。例如，陕西长安 97SCMT1 探方由一组系列地层单位构成。其中最底层的 H18 灰坑，可分为 4 个小层，属先周文化最晚期。叠压在 H18 上的是 T1 第 4 层，时代相当于西周初期。这就为从考古学上划分商周界限提供了理想的依据。按系列样品的 ^{14}C 测年方法，得出武王克商的年代范围为公元前 1050—前 1020 年。③ 又如，洛达庙文化和二里岗文化在地层上有叠压关系。根据最近系列样品 ^{14}C 测年得出，二里岗下层一期在公元前 1500 年左右。郑州商城的城墙，在地层上不早于二里岗下层一期，因而可以推定郑州商城建城的年代不早于公元前 1500 年。④

6. 系列样品 ^{14}C 测年数据的匹配拟合

最早是用手工目测方法，也可以用最小二乘方法确定匹配拟合的最佳效果。利用贝叶斯数理统计进行匹配拟合，是由统计学家提出，同 ^{14}C 年代学专家和考古学家协作完成的。1995 年英国牛津大学为解决系列样品 ^{14}C测年数据的匹配拟合，编制了实用的计算机程序，简称为 OxCal 程序。将复杂的统计计算简化为一般的程序操作，演算快、使用方便。"夏商周

① 仇士华、张长寿：《晋侯墓地 M8 的碳十四年代测定和晋侯苏钟》，《考古》1999 年第 5 期。

② 仇士华、蔡莲珍：《夏商周断代工程中的碳十四年代框架》，《考古》2001 年第 1 期。

③ "夏商周断代工程"专家组编著：《夏商周断代工程 1996—2000 年阶段成果报告》，世界图书出版公司 2001 年版。

④ 张雪莲、仇士华：《关于夏商周碳十四年代框架》，《华夏考古》2001 年第 3 期。

断代工程"中系列样品^{14}C测年，都是使用的OxCal程序。①

7. 系列样品^{14}C测年的可靠性问题

从系列样品^{14}C测年原理方法可以看出，经匹配拟合后得出的年代数据是否可靠，取决于三个方面。①年代数据是否精确，数据误差是否符合客观实际。②树轮校正曲线是否是高精度的，是否可以全球通用，匹配拟合方法是否正确。③考古系列样品先后次序是否确切。显然，这三个方面都是各自独立的情况，并不互相依赖。将系列样品的^{14}C年代数据按考古上先后的顺序，利用OxCal程序，同国际公认的高精度^{14}C年代—树轮年代校正曲线进行匹配拟合，得出考古系列样品的日历年代，这本身就是多学科合作的结果。

8. 需要澄清的错误印象

^{14}C测定方法一种是按β衰变计数的常规方法，测量精度高，误差较小，仪器非常稳定，技术发展比较成熟，但需要大量样品。另一种是按^{14}C粒子计数的加速器质谱（AMS）方法，是后来发展起来的，技术上比较复杂，特点是所需样品量很小，还不到常规法使用的千分之一。同时计数效率高，测量时间短。所以，在有些人的印象中错误地认为："加速器质谱方法是最先进的方法，当然精度也高，测量误差肯定也小。"其实，如果样品量不受限制的话，常规法要比加速器质谱方法精度高，也更可靠。国外如此，国内更是这样。

9. ^{14}C测定不能判断历组甲骨文是早还是晚

几十年来，甲骨文的研究有很大进步，取得了很多共识。但是历组甲骨文的早晚问题，学者间有很大分歧。既然^{14}C测定误差缩小，学者们自然寄希望于^{14}C年代测定。在这里，我们只能遗憾地说，这是不可能的。因为树轮校正曲线各段的特征情况很不一样。在殷墟这一时段，峰谷密集，总体倾斜度很小，早晚各期样品的^{14}C年代根本无法区别，而且往往出现颠倒的情况。但是，一般墓葬人骨样品，考古分期已经非常成熟，根据这些能肯定先后次序的系列样品，测出^{14}C年代数据，经过匹配拟合，

---

① Ramsey, C. B., Radiocarbon calibration and analysis of stratigraphy: The OxCal program, *Radiocarbon*, 1995, 37 (2): pp. 425—430.

能得出比较理想的各期日历年代系列。① 历组甲骨不能确定属哪一期，当然也就无法定出日历年代。

10. ^{14}C 测定要求"背对背"？

有人说："测定年代应当是我给你样品，你给我测出年代数据。^{14}C 测定要'背对背'，那才是客观的。"持这种观点的人，显然不了解系列样品 ^{14}C 测年的新方法，依旧停留在过去单个样品的 ^{14}C 测年方法概念上。其实，即使单个样品的测量，我们也审查样品的出土情况、同考古的相关性、样品的年代是否有确切的代表性等等。只要学风端正，学科间的合作方式不会影响研究结果的科学性。至于有关"背对背"^{14}C 测定的要求，我们早已有过阐述。②

11. 要把握好 ^{14}C 测定技术和考古信息关系

^{14}C 测定需要高精度的技术，稍有不慎，就得不出符合要求的数据，当然就不会有好的结果。这是很现实的问题。

把握好考古信息也是很现实的问题。因为学科之间的沟通，互相深入了解是不容易的，系列样品的概念也会出现差异。例如，文化分期的概念，考古学家之间就可能有差异。错用考古信息进行拟合，肯定只能得出错误的结果。要审慎研究处理，才能避免错误。

12. 文明探源工程中的 ^{14}C 年代测定

文明探源工程中的 ^{14}C 年代测定，仍然非常重要。考古是时间的科学。在"夏商周断代工程"的基础上，^{14}C 年代测定要随着文明探源研究向更古老的方向延伸。只能严格按照系列样品 ^{14}C 测年方法的要求，采集合格的系列样品，测出高精度的 ^{14}C 年代，进行严格的拟合研究，把中国古代文明发展的进程，串联在可靠的年代主轴上，才能为文明探源工程做出积极的贡献。

（原载《考古》2001 年第 1 期，合作者，蔡莲珍）

---

① "夏商周断代工程"专家组编著：《夏商周断代工程 1996—2000 年阶段成果报告》，世界图书出版公司 2001 年版。

② 中国科学院考古研究所实验室：《放射性碳素测定年代报告（一）》，《考古》1972 年第 1 期。

八　关于二里头文化的年代问题

（一）

1983 年，我们写了《有关所谓"夏文化"的碳十四年代测定的初步报告》。[①] 在那篇文章中，我们对 ^{14}C 年代测定中误差情况的复杂性作了详细说明。例如说，单个 ^{14}C 年代数据一般是不可轻信的。即使经过准确测定，数据可信，也可以把不是夏代的标本误认为是夏代的，根本无法分辨。要解决这个问题，只好以数量求质量，测出大量的数据，缩小统计误差，尽量排除偶然性。在这样的背景里，我们分析了二里头遗址一至四期的 32 个样品的 ^{14}C 年代数据，认为二里头文化的绝对年代被限制在公元前 1900—前 1500 年的范围内。同时还声明，哪一种文化可以明确称为"夏文化"，这是考古学家研究讨论的专题，有些问题恐怕还有待于考古工作和测定工作的进一步开展和研究。尽管如此，根据文献的各种纪年系统，这个结果可以表明，二里头一期不是夏代的开始，二里头四期有可能已经进入商代。当然，这个结果很粗糙，但可供考古学家研究做参考。

（二）

随着时间的推移，各方面都在发展进步。^{14}C 测定的精度在提高，树轮校正曲线也有若干修正和改进，特别是使用系列样品方法测定，可以使测定考古事件的日历年代误差大为缩小。[②]

所谓系列样品方法，就是按田野考古层位或文化分期收集的系列样品，测出一系列 ^{14}C 年代，同时再做树轮年代校正，以此确定年代。因为这些样品在考古上有相对的时序，同时做树轮年代校正时能相互制约，因而使校正后的样品的日历年代误差大为缩小。最好的系列样品是木头样品。对于保存完好的古代木头样品，如有 50 个以上的年轮，则可同建立

---

① 仇士华、蔡莲珍、冼自强、薄官成：《有关所谓"夏文化"的碳十四年代测定的初步报告》，《考古》1983 年第 10 期。

② 仇士华、蔡莲珍：《碳十四断代技术的新进展与夏商周断代工程》，《考古》1997 年第 7 期。

树轮校正曲线一样，每隔 10 轮取一个样，连续取 5 个以上的样品，测出其^{14}C 年代数据，经过与树轮校正曲线匹配拟合，就可以把木头的砍伐年代定准到误差不超过 10 年。对于按文化分期或地层连续的系列样品，在相邻时间间隔方面虽不如树轮系列那样规整，但在时代上的早晚次序是明确的，也同样可以利用同树轮校正曲线相匹配拟合的方法，获得较好的效果。

（三）

在"夏商周断代工程"之前，1995 年偃师国际商文化学术讨论会上，我们作了《解决商周纪年问题的一线希望》报告。作为对树轮系列样品方法的一次试测实验，我们采集了长白山天池火山最近一次大喷发被埋在浮石碎屑中的一大块炭化木，数出树轮，做了系列样品测定。[①] 获得最近一次大喷发的年代为公元 1215±15 年。它可以同格陵兰 GISP2 冰芯中公元 1229±2 年的 SO_4^{2-} 峰相对应。这个 SO_4^{2-} 峰在我们测出天池火山大喷发的年代以前，世界上还没有找到相对应的火山大喷发。这个冰芯的其他许多 SO_4^{2-} 峰都可以同世界上著名的火山大喷发相对应。另外，中国气候史指出，公元 1230—1260 年间气温下降，气候突变，具有全球性反映，很可能是这次天池火山大喷发造成的。

"夏商周断代工程"使系列样品方法的效能得到了充分发挥，实施的具体程序是：

①采集与考古层位和文化分期在年代上高度相关的含碳样品。

②测出精确可靠，误差符合实际的^{14}C 年代数据。

③充分应用考古信息，将系列样品的^{14}C 年代数据同高精度树轮校正曲线进行匹配拟合，定出与考古年代内涵相符的日历年代。

由^{14}C 测定工作者同考古专家共同研究建立夏商周的考古年代框架。[②③]

---

① 刘若新、仇士华：《长白山天池火山最近一次大喷发年代研究及其意义》，《中国科学·D 辑》1996 年第 5 期。

② 仇士华、蔡莲珍：《夏商周断代工程中的碳十四年代框架》，《考古》2001 年第 1 期。

③ 仇士华、蔡莲珍《夏商周断代工程中的多学科合作》，《文物保护与考古科学》2002 年第 2 期。

(四)

二里头遗址的系列样品是重新采集的，主要是骨质样品，经过仔细测定，其结果在"夏商周断代工程"阶段成果报告中已经公布。① 现在我们对二里头文化的年代问题，提出自己的看法，供大家讨论参考和批评。

①1983 年我们阐述的二里头测定报告，并没有错误。但是，标本大多是木炭，测定误差也比较大，而且年代数据都是采用单个样品的树轮校正结果，所以是很粗糙的。原报告中已有相应说明。

②"夏商周断代工程"中公布的系列样品测定拟合结果，没有加以说明和充分研究讨论。

③从实际情况看，我们认为二里头采集的系列样品在分期上是有根据的。二里头文化分为一、二、三、四期，有地层叠压关系为依据，经历过长期研究，多数学者对分期有共识。当然，尚不能说每个样品间，都有绝对的先后次序。

④二里头系列样品中还有被称为五期的二里岗文化的样品。因此可以把一至五期作为一个系列来拟合，以便于估计四期年代的下限。但一期的年代上限还难以估定，需要使用程序设置的边界条件命令来估计。如果有与一期连续但更早期的^{14}C 年代数据参与拟合，应当更好。

⑤密县新砦遗址，经过发掘，发现有早于二里头一期，或与二里头一期相当的新砦一期和新砦二期文化。新砦一期前面还有龙山晚期的遗存，考古学界正在研究。这三期的^{14}C 样品年代应当可以作为一个系列进行拟合。北京大学 AMS^{14}C 测定已有结果，常规方法也测定了十多个数据。这样，可以同二里头的系列样品拟合作比较。

(五)

新砦文化在时间上填补了二里头文化同河南龙山文化之间的空当。现试将新砦遗址的龙山文化、新砦文化和二里头遗址的二里头文化及二里头

---

① "夏商周断代工程"专家组编著：《夏商周断代工程 1996—2000 年阶段成果报告》，世界图书出版公司 2001 年版。

五期（二里岗期）共 60 多个¹⁴C 年代数据，应用 OxCal 程序做一个长系列的拟合，并把龙山和新砦期、新砦期与二里头期以及二里头期与二里岗期各界限的年代显示出来。见数据拟合图（参见图 5—1、图 5—2、图 5—3）和拟合前后的数据对照表（参见表 5—1、表 5—2、表 5—3）。应该说，根据考古发掘和研究的情况，这四种文化，河南龙山晚期→新砦期→二里头期→二里岗期，地层关系清楚，先后顺序密集，系列长并有大量相关的¹⁴C 年代数据，最适合于做系列样品拟合、研究分析。

由拟合图和数据表可见，新砦期的上限不早于公元前 1850 年，二里头一期的上限不早于公元前 1750 年，二里岗期上限不早于公元前 1540 年。

（六）

根据拟合结果，我们从年代测定的角度，做一些说明和粗略分析。

①1983 年，我们在《有关所谓"夏文化"的碳十四年代测定的初步报告》中把二里头文化的年代限制在公元前 1900—前 1500 年的范围内。那是按单个样品作了树轮年代校正，曾被广泛引用。由于样品大都是用木炭作的一般测定，误差相应比较大。在"夏商周断代工程"中，二里头文化的系列样品是重新采集的，主要是骨质样品，所得¹⁴C 数据同以前的数据并不矛盾，只是精度更高一些。经过拟合可以看出，由于相应段树轮年代校正曲线的关系，二里头文化一期的年代上限在公元前 1880 年—公元前 1730 年之间，范围很大，这同 1983 年的报告是一致的。[①] 但若在拟合时使用边界条件来限定，就可以把上限缩小，向公元前 1730 年靠拢。现在采用新砦文化的系列样品同二里头文化的系列样品一起拟合，可以更客观地把二里头文化一期的年代上限定在不早于公元前 1750 年。

②在郑州商城遗址，洛达庙（即二里头类型）文化层被二里岗文化下层所叠压。在二里头遗址，二里头四期则被第五期（即二里岗文化）叠压。郑州商城遗址和二里头遗址两组系列样品的拟合，都表明二里岗文化

---

① 见"夏商周断代工程"专家组编著《夏商周断代工程 1996—2000 年阶段成果报告》，世界图书出版公司 2001 年版，第 76 页，表二十。

的年代上限都在公元前 1500 多年。[①]

③郑州商城的城墙中发现有二里岗下层文化的陶片，故而郑州商城的年代不可能早于二里岗文化一期。偃师商城的发掘者把偃师商城文化分为三期，偃师商城的小城建于偃师商城文化一期。一期的文化分析和 ^{14}C 年代测定都表明在时间上已进入二里头文化期。因此，可以肯定偃师商城的小城比郑州商城要早。[②]

④根据现有的考古资料和年代测定，二里岗文化不可能是最早期的商代文化。二里头文化在时间上跨越了夏代晚期和商代早期。

（原载《二里头遗址与二里头文化研究》，
科学出版社 2006 年版，合作者，蔡莲珍、张雪莲）

[①]　张雪莲、仇士华：《关于碳十四年代框架》，《华夏考古》2001 年第 3 期。

[②]　张雪莲、仇士华、蔡莲珍：《郑州商城和偃师商城的 ^{14}C 年代分析》，《中原文物》2005 年第 1 期。

九　"夏商周断代工程"中的 ^{14}C 年代框架

前言

　　中国古书记载的上古史的确切年代，只能上推到司马迁《史记》《十二诸侯年表》的开端——西周晚期共和元年（公元前 841 年），再往上推就存在分歧。例如，武王克商的年代，历代学者对文献理解和对其可信性的估计分歧很大。他们根据各自对文献和西周历法的理解立说，形成了至少 40 多种结论，最早的为公元前 1130 年，最晚的为公元前 1018 年，前后相差 112 年。因此，殷墟的年代自然漂浮起来，商前期和夏的年代就更难以认定。

　　过去的 ^{14}C 测定年代，虽然在史前年代学方面发挥了重大作用，但由于误差较大，难以解决历史时期的考古年代问题。最近十多年来，由于 ^{14}C 测年技术向高精度发展，高精度树轮年代校正曲线已经建立，加速器质谱技术不断完善，可以精确测定微量 ^{14}C 样品的年代。所有这些技术的进步，结合夏商周考古的进展，为测定解决夏商周年代框架问题带来了一线希望。

（一） ^{14}C 测年技术的最新进展和高精度树轮年代校正曲线的建立

　　常规 ^{14}C 测定是指使用常量样品 3—10 克碳，计数其 ^{14}C 原子衰变时放射出的 β 射线——即电子来进行测年。无论用气体正比计数方法或液体闪烁计数方法，经过长期的发展和技术进步，可以说技术上已经达到了极限。仪器的本底计数已经降到每分钟不足一次计数，而且仪器可以做到长期稳定。若经过数千分钟测量，现代标本的测量精度可达到 2‰。 ^{14}C 衰变的计数效率在 70% 以上。对于夏商周时期的标本，如作高精度测量，其 ^{14}C 年代误差一般可以达到 20—30 年。

　　加速器质谱技术（AMS）是 20 世纪 70 年代末开始发展起来的一种现代核分析技术。它是直接计数样品中的 ^{14}C 原子，因而需要的样品量不到常规法使用样品量的千分之一。根据国际先进水平，目前 AMS ^{14}C 测定精度可达到 3‰—5‰。与常规法相比，它的主要优势在于所需样品量少和测量工效高，几毫克炭样^{14}C 年代利用 AMS 方法测量，一般仅需数十分钟，高精度测量也只需几个小时或十几个小时。由于使用样品量少，对于珍贵的甲骨、遗址中的炭屑和骨片、残存的少量有机物，甚至于陶器、铜器上的烟炱等等，都可以被用来测定年代。

根据^{14}C 测定年代的原理，碳十四年代（T）是根据样品的原始^{14}C 放射性水平（A_0）同现存放射性水平（A_s）之比计算出来的。计算年代公式为 T = τln（A_0/A_s），式中 τ 为^{14}C 的平均寿命，ln 为自然对数符号。但是样品的原始^{14}C 放射性水平无法直接测定，只能利用现代与大气 CO_2 处于交换平衡状态物质的^{14}C 放射性水平来代替。实用上，是规定一个统一的标准，称之为现代碳标准。可是，由于各种原因，过去大气中的^{14}C 放射性水平不是恒定的。所以利用统一的现代碳标准计算出来的^{14}C 年代并不是日历年代，只能称为^{14}C 年代。如何解决把^{14}C 年代转换为日历年代，这就要通过^{14}C 年代—树轮年代校正曲线来进行校正。

原来，树木每年生长一轮木质，每一轮木片的^{14}C 放射性水平代表了当年的大气^{14}C 放射性水平。树轮是可以数清的，它的生长年代同日历年代相当。树轮的^{14}C 年代可以通过测定得出。把树轮的^{14}C 年代作纵坐标，而把树轮生长的年代作横坐标，就可以得出一条^{14}C 年代—树轮年代的对照曲线。通过这条曲线就可以把考古样品的^{14}C 年代转换为日历年代。这就是一般所说^{14}C 年代的树轮年代校正。

1985 年第 12 届国际^{14}C 会议上发表了几条高精度树轮年代校正曲线，^{14}C 年代测定误差缩小到只有正负十多年。几条曲线稍有差别，但总的趋势基本一致。目前经过修正和统计处理已有一条比较公认的校正曲线（参见图 6—8），这就更有利于把^{14}C 年代校正到日历年代。因为大气中的^{14}C 交换循环相当迅速，因此^{14}C 年代—树轮年代校正曲线原则上是全球可以通用的。

（二）贝叶斯数理统计方法与 OxCal 程序

高精度^{14}C年代—树轮年代校正曲线反映了过去（1 万年来）大气中^{14}C 浓度随时间的客观变化。它作为大气^{14}C 浓度的指纹特征，为有时代先后顺序的系列¹⁴C 样品年代做曲线匹配拟合提供了依据，可以使¹⁴C 测定能确定的真实年代范围大大缩小。这种匹配拟合，可以利用手动目测或最小二乘方数理统计方法来确定数据匹配拟合的最佳位置，从而得出年代误差大为缩小的年代判断。利用贝叶斯数理统计建立的软件进行匹配拟合的方法是近十多年来由统计学家提出，同¹⁴C 年代学专家和考古学家协作完成的（如 OxCal 程序），其应用范围更广，所得结果更具有逻辑性。

（三）"夏商周断代工程"中的¹⁴C 测定与系列样品年代的转换

¹⁴C 测年参与"夏商周断代工程"测定历史年代，在技术上要求很高，它是在夏商周考古成就的基础上，把田野考古的层位和文化分期的相对年代关系转换为精度较高的绝对日历年代。整个程序是：①采集与考古层位和文化分期高度相关的含碳样品。②测出精确可靠、误差符合实际的¹⁴C 年代数据。③充分应用考古信息，将有先后时序的系列¹⁴C 样品数据，通过高精度树轮校正曲线转换，定出考古内涵的日历年代。④再由¹⁴C 和考古方面的专家共同讨论，建立夏商周考古的¹⁴C 年代框架。⑤同历史文献、天文研究的结果和金文历谱的研究等做综合交叉研究，共同建立夏商周三代年表。

本文介绍中国社会科学院考古研究所¹⁴C 实验室、北京大学常规¹⁴C 实验室、中国科学院生物物理所合作，使用测量精度优于3‰的液闪仪进行常规测定，并经过拟合得出的结果。

1. 考古遗址中出土木头的¹⁴C 测定与拟合结果

用树木年轮组成的样品系列作¹⁴C 测定，由于样品年代间隔十分确定，经¹⁴C 数据匹配拟合获得的真实年代结果可靠性较好。

①陕西长安 M121 和 M4 为两座西周中期墓葬，采集棺木作树轮系列样品进行¹⁴C 测定后拟合，得出其最外轮年代分别为公元前 940 ± 10 年和公元前 914 ± 14 年（参见表 4—11 到表 4—13，图 4—6 和图 4—7），因为外表均被腐蚀。实际的最外轮年代要晚一些，根据观察，推测可能会相差几十年。

②北京琉璃河 M1193 为琉璃河遗址中一座早期墓葬，从中采集出土棺

木样品，保存较好。以树轮系列作高精度¹⁴C 测定并拟合结果，得出最外轮年代不早于公元前 1011 ± 20 年（参见表 4—8、图 4—4），即最外轮生长年代为公元前 1032—前 991 年。M1193 被认为是第一代或第二代燕侯墓葬，棺木砍伐年代应为其上限。

③河南郑州商城遗址考古内涵为二里岗上层一期的水井中出土井框圆木，保存完好，经¹⁴C 测定和拟合结果，得出最外轮年代为公元前 1400 ± 8 年，这应代表该井的建造年代（参见表 4—24、图 4—11）。

2. 晋侯墓地 M8 的¹⁴C 年代测定

山西曲沃晋侯墓地共发掘出大型墓葬 8 组 17 座，分属武侯以下的八代晋侯及其夫人（其中一位晋侯有两位夫人）。M8 出晋侯苏钟，应是晋献侯籍的墓。根据对墓中树枝木炭的年代测定，其¹⁴C 年代为距今 2630 ± 30 年。测定数据正处于校正曲线的特殊时段，得单个树轮校正年代为公元前 808 ± 8 年（参见图 4—1）。正与《史记》所载晋献侯籍末年，即公元前 812 年相一致。

3. 武王克商年代范围的框定

1996 年冬，中国社会科学院考古研究所丰镐发掘队在陕西长安马王村遗址发现了代表周人在该地最早活动的遗迹，有灰坑、房址、墓葬等。从出土器物群分析，遗址时代从先周晚期、西周早期延续到西周中、晚期。

考古发掘内涵表明，H18 应属于遗址中最早的文化地层（参见图 4—8），相当于武王克商以前这段先周最晚时期，估计仅有十几年间隔。T1第四层出土器物表明它正处于西周初期，T1 第三层为西周中期。

该遗址地层关系为 T1 第 3 层叠压在 T1 第 4 层上，T1 第 4 层叠压在H18 上。H18 内堆积分为 4 个小层，我们从 H18①、H18②、H18③小层中都采集到了可供¹⁴C 测定的木炭样品，H18②、H18③层中还采集了炭化小米。木炭样品年代往往偏老，而同层炭化小米的年代与木炭样品年代一致，确定了该系列样品年代的可靠性。T1 第 4 层、T1 第 3 层和其他西周早、中、晚期灰坑中也采集了木炭、骨头等¹⁴C 测定样品。

由于测定样品出土层位的考古信息非常明确，数据拟合采用了 OxCal 程序中可变系列的命令。木炭年代可能偏老，但可以作为年代上限参与拟合。测定数据和拟合结果参见表 4—17 和图 4—9。

武王克商年代处于先周与西周初分界范围内，从地层来看，则处于 T1 第 4 层到先周最晚期地层 H18 第①层之间的时间范围。因此，据 ^{14}C 测定年代数据拟合结果，判别武王克商事件最大可能发生的年代范围应在公元前 1050 年至公元前 1020 年之间。

4. 北京琉璃河西周遗址按墓葬分期的 ^{14}C 年代测定与拟合结果

北京琉璃河遗址是西周初燕国早期都邑遗址。该遗址中的 M1193 棺木年代为公元前 1011 ± 20 年，我们又采集了遗址中前后三期墓葬人骨组成 ^{14}C 样品系列做高精度测定，经过拟合处理得出其上限年代同样落在上述的武王克商年代范围以内（参见表 4—6、图 4—3）。

5. 殷墟的 ^{14}C 年代测定与拟合结果

据史书记载和考古学研究，商王朝最后都城在河南安阳殷墟，历时 200 余年，一直到被周所灭。我们采集了殷墟前后四期墓葬出土的一系列人骨样品作高精度 ^{14}C 测定数据匹配拟合处理，得出了各期年代范围，殷墟 ^{14}C 年代数据同琉璃河遗址的 ^{14}C 年代数据统一拟合后，其中间年代正落在前述的武王克商年代范围以内（参见表 4—22、图 4—10）。

6. 郑州商城的 ^{14}C 年代测定与拟合结果

河南郑州商城遗址考古发掘地层由下而上依次为：二里岗下层一期、下层二期，二里岗上层一期、上层二期。二里岗下层一期叠压洛达庙中、晚期遗存之上。上层一期的年代与上层一期水井的年代正好符合（参见表 4—27、图 4—12）。

7. 偃师商城的 ^{14}C 年代测定与拟合结果

河南偃师商城遗址有外城、内城和宫城，外城西南城墙叠压在内城墙之上，内城发现有宫殿群基址。考古地层划分为三期六段。一、二期相当于郑州商城二里岗下层一、二期，三期五、六段相当于二里岗上层一、二期（参见表 4—30、图 4—13）。

8. 二里头遗址的 ^{14}C 年代测定与拟合结果

河南偃师二里头遗址考古地层划分为五期，其中一至四期为二里头文化，五期为二里岗文化（参见表 4—35、图 4—14）。

（四）夏商周的^{14}C 年代框架或考古年表

根据以上^{14}C 年代测定数据，依据相应的考古信息，与^{14}C 年代—树轮年代校正曲线匹配拟合，可获得日历年代数据综合列表，制作出夏商周^{14}C 年代框架或考古年表（参见图5—4）。

（五）^{14}C 年代框架与三代年表的关系

晋侯墓地 M8 是晋献侯籍的墓，测出的年代为公元前 808 ± 8 年。

这与《史记·晋世家》所载晋献侯籍死于周宣王十六年正相吻合。那么晋侯苏钟的唯王三十三年，就不可能属于宣王，应属厉王。厉王在位年数应大于三十三年，说明《史记·晋世家》所载厉王在位三十七年是可信的。

根据对传世文献和甲骨文、金文等古文字的研究，天文方面推算定出了三个历史年代定点。

第一，古本《竹书纪年》载"懿王元年天再旦于郑"，"郑"的地望在西周都城附近的华县或凤翔。如果"天再旦"是日出之际发生的一次日食，则根据天文计算推定得出懿王元年为公元前 899 年。

第二，宾组卜辞中有五次月食记载，"夏商周断代工程"开展以来，经过多学科合作研究，得到最佳的论证结果是武丁在位的年代为公元前 1250—前 1192 年。这与根据殷墟文化分期的^{14}C 测年结果相吻合。

第三，根据考古地层和^{14}C 测定武王克商的年代范围在公元前 1050—前 1020 年。在此范围内，"夏商周断代工程"对武王克商年代天文推算结果提出了三个方案，即公元前 1046 年、公元前 1044 年和公元前 1027 年，最后选择为公元前 1046 年。

上述天文推算的三个历史年代定点与^{14}C测定结果不相矛盾，甚至能很好吻合。这就能将武丁以来的年代框架建立起来。在这个框架内对西周青铜器分期和金文历谱进行再研究，建立了西周诸王年表。对商代祀谱进行研究推出帝乙、帝辛的在位年代，再经过综合研究推定出盘庚迁殷后的商后期年表。这是目前最佳选择。

另外，经过对两个商城的系列样品的^{14}C年代测定，可建立起商前期的年代框架。二里头遗址和王城岗遗址系列样品的¹⁴C 年代测定，提供了估定夏代年代框架的参考依据。

（原载《考古》2001 年第 1 期，合作者，蔡莲珍）

附记：参加本课题实验研究工作人员有：中国社会科学院考古研究所仇士华、蔡莲珍、冼自强、薄官成、钟建、王金霞、张雪莲（博士生），中国科学院生物物理所蒋汉英。北京大学考古系陈铁梅、原思训、胡艳秋、吴小红、马力、蒙清平。

十　中国考古学中 ^{14}C 测年工作的新进展

^{14}C 是碳的放射性同位素，它是宇宙射线同大气作用而产生的。一旦产生后，随着大气 CO_2 在全球的循环而分布于同大气交换循环的含碳物质中。如生物界的生物，在活着的时候，其 ^{14}C 水平同大气保持交换平衡状态，一旦死亡或与大气隔离，其放射性水平则随时间因衰变而降低。

假定原来的放射性水平为 A_0，经 τ 年后其放射性水平降至 A_τ，按放射性衰变公式：$\tau = \tau\ln\,(A_0/A_\tau)$ 其中，τ 为 ^{14}C 的平均寿命。

在考古遗址中，这样的样品经常伴随出现，因此自利比（Libby）研究建立 ^{14}C 测定方法以来，已在考古界应用了60多年。中国社会科学院考古研究所也于1965年建成中国第一个 ^{14}C 测年实验室，主要应用于新石器时代考古测年。随后中国又建立了许多 ^{14}C 测年实验室，广泛应用于考古界和地质界，取得了丰硕成果。

从上述年代公式看，A_0 这个数值代表样品的原始放射性水平，实际上是不知道的，只能用一般大气的 ^{14}C 水平来替代，称为现代碳水平。为统一起见，国际上以1850年生长树轮的 ^{14}C 放射性水平作为统一的现代碳放射性水平。之所以用1850年的树轮作为标准，是因为要避开工业化以来，死碳进入了大气层，和核试验对大气 ^{14}C 水平的干扰。虽然如此统一了计算 ^{14}C 年代的现代碳标准，但由此计算出样品的年代并不符合实际。大气的 ^{14}C 放射性水平自古以来都会有变化，变化的幅度最大可达到10%左右，这个变化被记录在树轮上面。树木每年生长一轮，树轮中的有机碳成分，都来自光合作用，是从大气中吸收 CO_2 而生长的。树轮年代学可以把树轮数清楚，定出每个树轮与日历年代的对应关系。将测出的树轮 ^{14}C 年代作为纵坐标，用同树轮对应的日历年代作为横坐标，就可以绘出 ^{14}C 年代—树轮年代的曲线，这个曲线看起来是很不规则的。由此曲线可以把任何一个特定的 ^{14}C 年代转换到日历年代，这就是 ^{14}C 测年的树轮年代校正。（参见图6—8）

通常一个样品的^{14}C 水平，无论是用了常规的衰变法测定还是用数原子数的加速器质谱法测定，都可以比较准确地按统一的现代碳标准计算出^{14}C 年代。但严格地说，它不能代表实际考古年代，必须经过树轮年代校正。由于^{14}C 年代—树轮校正年代曲线的不规则性，经过校正后的样品年代误差，在大多数情况下会增加，即使在高精度^{14}C 年代—树轮年代校正曲线出现以后，也是如此。所以过去的^{14}C 测年主要应用于新石器时代的年代测定，年代误差比较大，有不少数据的误差甚至达到百年以上。

中国是世界公认的四大文明古国之一，但可靠的编年史只能追溯到西周共和元年即公元前 841 年。更早的年代，包括古代文明的重要时期——夏、商和周，一直没有比较完整的年表。例如，武王克商的年代，历代学者对文献理解和对其可信性的估计分歧很大。他们根据各自对文献和西周历法的理解立说，形成了 40 余种结论，最早的为公元前 1130 年，最晚的为公元前 1018 年。① 因此，殷墟的年代自然漂浮起来，商前期和夏的年代就更难以确定。过去^{14}C 测定年代，虽然在新石器时代考古年代学方面发挥了重大作用，但毕竟由于误差较大，难以解决夏、商、西周时期的考古年代问题。

现代考古学的发展为夏商周三代文明的研究开拓了前所未有的境界。西周的丰镐遗址文化分期比较成熟，历史上认定盘庚迁殷后没有变动，考古上可将殷墟分为四期，这是公认的。殷墟以前二里岗文化可分为下层二期和上层二期，更往前的二里头文化也可分为四期。这之前又有新砦期文化同河南龙山文化晚期相连。登封王城岗遗址，有城址，文化分期也比较清楚。由此可以看到，河南龙山文化到西周文化在时间上紧密相连，文化分期也比较清楚。所以，现在可以按田野考古层位和文化分期采集一系列的有确定年代的代表性样品，测出一系列的高精度^{14}C 年代数据，再用高精度的^{14}C 年代—树轮校正曲线做树轮年代校正。因为这些样品在考古上有相对的时序，同时做树轮年代校正时能相互制约，因而校正后的样品日

---

① 北京师范大学国学研究所编：《武王克商之年研究》，北京师范大学出版社 1997 年版。

历年代的误差可大为缩小，这被称为考古系列样品的^{14}C测年方法。要想获得好的效果，数据处理的基本原则有三条：

第一，^{14}C测定的年代要准确可靠，给出的统计误差要符合实际。

第二，系列样品的考古信息要充分有效。

第三，处理同时作树轮年代校正的数学运算方法要正确

20世纪90年代后期开展的"夏商周断代工程"，给了考古系列样品的^{14}C测年方法充分发挥作用的机会。首先我们从测定树轮系列样品和历史时期的样品开始，以检验我们实验室测年能达到的精度和树轮校正年代曲线的适用性。

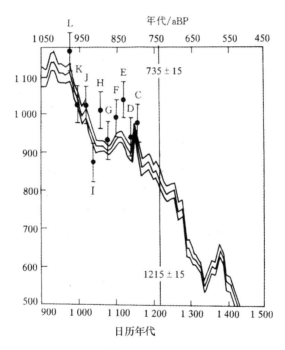

图6—12　炭化木树轮^{14}C年代与树轮校正曲线匹配拟合图

第一个测定的树轮样品，采自长白山天池火山口以东约30公里附近，是一棵保存较好的碳化木。自中心至边缘进行了系统的树轮^{14}C年代测定，并用高精度树轮校正曲线匹配拟合，获得了天池火山最近一次大喷发的具体

年代是公元 1215 ± 15 年。经同地质学家一起研究，这次大喷发最有可能对应于 GISP2 格陵兰冰芯中的公元 1229 ± 2 年的 SO_4^{2-} 峰。当时这个 SO_4^{2-} 峰在全世界还没有找到对应的火山大喷发，而有气象学家研究指出，中国和世界的气温在公元 1230—1260 年间有过一次突然普遍下降，很可能就是这次火山大喷发造成的（见图 6—12）。[①]

第一个测定的历史时期的样品是山西曲沃北赵晋侯墓地的 M8 中的树木木炭，测出的年代为距今 2625 ± 25 年。因为树轮校正曲线在此一段的特殊情况，经树轮校正曲线校正后为公元前 808 ± 8 年，误差反而缩小。M8 中出有晋侯苏钟，并有由晋献侯籍作的长篇铭文，因此，M8 是晋献侯籍的墓确定无疑。据《史记·晋世家》所载，晋献侯籍的卒年为公元前 812 年，是相合的。这个结果突出地说明了 ¹⁴C 年代测定和高精度树轮校正曲线的可靠性，进一步证明了 ¹⁴C 测年在"夏商周断代工程"中可以发挥作用。[②]（参见图 4—1）

在实施"夏商周断代工程"的过程中，¹⁴C 课题组同考古学家合作，尽量全面地采集年代代表性强的、与各种文化分期相应的或有地层叠压关系、尽量是先后有序的大量 ¹⁴C 样品。经过严格的制样处理和精心测量，务必使 ¹⁴C 数据的误差达到 30 年左右，且越小越好。然后再经过使用 Ox-Cal 程序，作系列样品年代转换。各个系列的长度，一般要达到四个文化期，有 200 年以上。同时还要结合考古信息加以评估研究，特别要注意系列样品年代分布在树轮校正曲线上的特征点，往往可以找到个别的年代误差小而可靠的关键点，以此成为整个夏商周考古年代框架的支柱点。举例分述如下：

①1997 年发掘的陕西长安遗址 97SCM 探方 T1，由一系列地层单位组成。其中最底层的灰坑 H18，属先周最晚期，叠压在 H18 之上的是 T1 第 4 层，属西周早期。这一地层为从考古学上划分商周分界提供了理想的地层依据。武王克商之年应落在这一分界地层年代范围内。分界的上下地层都

① 刘若新、仇士华：《长白山天池火山最近一次大喷发年代研究及其意义》，《中国科学·D 辑》1997 年第 5 期。

② 仇士华、张长寿：《晋侯墓地 M8 的碳十四年代测定和晋侯苏钟》，《考古》1999 年第 5 期。

出有可供¹⁴C 测年的样品，组成地层系列样品，测出商周的分界年代范围为公元前 1050—前 1020 年。又根据殷墟文化系列样品和北京琉璃河西周系列样品的¹⁴C 测定，可以得出殷墟四期和琉璃河西周早期年代的分界处，其年代范围同陕西长安商周分界的年代范围是一致的。因而可以确定武王克商的年代超不出公元前 1050—前 1020 年。[①]（参见图 4—9）

　　②河南殷墟是商后期盘庚迁殷后的都城所在，经过 80 多年的发掘，把殷墟文化分为四期，除一期样品较少外，采集了相当数量的墓葬人骨样品，用系列样品的¹⁴C 测定方法得出了较好的年代框架。考古上把武丁早期作为一期的一部分，武丁的中晚期作为二期，根据一期晚和二期的年代，测定范围在公元前 1261—前 1195 年。这与天文学根据宾组卜辞中的五次月食推定的武丁年代在公元前 1250—前 1192 年是一致的。[②]

　　③河南郑州商城遗址中，有属于二里岗上层一期的水井，其中有井框架构中的完整圆形木，保存完好，原编号为 98ZSTlJ3S2。从井中出土的众多陶器分析，考古学家一致认为，属于二里岗上层一期偏早。经过系列样品的¹⁴C 测定，木头最外轮的年代为公元前 1400±8 年。这是建井年代的上限，即建井时间不得早于这一年代。同时考古学家一致认为二里岗上层一期的年代不能更晚了，所以这也应是考古年代框架的一个支柱。

　　④河南郑州商城遗址，二里岗文化层可分为二里岗下层一期、二期，上层一期、二期。二里岗下层一期叠压在洛达庙晚期遗存即二里头文化中、晚期之上。经过系列样品的¹⁴C 测定，二里头文化层与二里岗文化层的分界大约在公元前 1500 年。河南偃师二里头遗址发掘者将考古学文化分为四期，一至四期为二里头文化。此外，还有一个第五期为二里岗文化。经系列样品的¹⁴C 测定，二里头文化与二里岗文化的分界处，也在公元前 1500 年多一点，同郑州商城遗址的情况差不多。[③]

　　⑤根据二里头遗址系列样品的¹⁴C 测定，二里头文化一、二期之间的年

　　①　仇士华、蔡莲珍：《夏商周断代工程中的多学科合作》，《文物保护与考古科学》2002 年第 2 期。

　　②　仇士华、蔡莲珍：《夏商周断代工程中的碳十四年代框架》，《考古》2001 年第 1 期。

　　③　仇士华、蔡莲珍、张雪莲：《关于二里头文化的年代问题》，载杜金鹏、许宏主编《二里头遗址与二里头文化研究》，科学出版社 2006 年版，第 321—332 页。

代在公元前 1700 年—公元前 1680 年间，但从树轮校正曲线看，这一段相应
的 ¹⁴C 年代范围，却有距今 3320—3450 年之大。后来，中国社会科学院考
古研究所二里头发掘队又开挖了一条探沟，恰好处在二里头文化一、二期
之间。采集了 10 个木炭样品，经过仔细测定，有 8 个 ¹⁴C 年代落在这个年
代范围之内。另两个样品的 ¹⁴C 年代为：距今 3475 ± 44 年和 3505 ± 45 年，
稍许超出了范围，显然是因为误差稍大，也可能是木炭样品有点偏老。① 这
就进一步说明，二里头文化一、二期之间的年代范围在公元前 1700—前
1680 年间是可以被认定的。考虑到二里头文化二、三、四期的年代范围，
认定在公元前 1690—前 1520 年，平均每期不到 60 年。从公元前 1690 年上
推 60 年，则可评估二里头一期的年代上限，应不大于公元前 1750 年（参
见图 4—15）。

　　⑥河南新砦市新砦遗址发掘者，将其主体遗存划分为二期。第一期为
河南龙山文化晚期，第二期为新砦期，而新砦期又可细分为早、晚两段。②
在新砦期之后为二里头文化早期。从树轮校正曲线上看，公元前 1880—前
1750 年这一时段的 ¹⁴C 年代不相上下，甚至常有颠倒的情况。根据大量系
列样品的 ¹⁴C 测定，发现河南龙山文化晚期的大多数 ¹⁴C 年代数据，都在公
元前 1880 年之前，仅个别 ¹⁴C 年代数据落在公元前 1880 年之后。而新砦
期的 ¹⁴C 年代数据则全部处于公元前 1880—前 1750 年之间。所以，经过
¹⁴C年代测定表明，发掘者对新砦遗址主体文化的分期是合理的，鉴于有
个别龙山晚期的 ¹⁴C 年代在公元前 1880 年之后，但不可能离龙山文化晚期
的 ¹⁴C 年代数据太远，因而将龙山晚期同新砦早期，根据系列样品的原则
来判断，放在公元前 1850 年左右应当是合适的。新砦期有 100 年时间演
变，能分出早、晚两段，也是可以理解。

　　⑦河南登封王城岗遗址，前后延续数千年从未间断，到龙山文化时期
最为发达。目前，可将遗址的龙山文化遗存分为三段。第一段，以小城时
期为代表，小城面积近 1 万平方米。第二段，以大城为代表，大城面积有

---

　　① 张雪莲、仇士华、蔡莲珍等：《新砦—二里头—二里岗文化考古年代序列的建立完善》，《考
古》2008 年第 8 期。
　　② 赵春青：《关于新砦期与二里头一期的若干问题》，载杜金鹏、许宏主编《二里头遗址与二里
头文化研究》，科学出版社 2006 年版。

30 多万平方米。第三段，为大城废弃之后的堆积。[1] 这三段的¹⁴C 年代数据大都在距今 3700 年上下，相当于在树轮校正曲线上的公元前 2140—前 2040 年之间。根据文明探源¹⁴C 课题组的系列样品测定，大城的建造和使用时期，应在公元前 21 世纪的中晚期，小城的年代应在公元前 21 世纪初，或更早。[2] 王城岗遗址自春秋、战国以来。就有阳城的称谓。因而有考古学家认为这就是禹都阳城，现在从考古年代的角度看，倒是有可能的。当然，这还需要有更多的考古发现研究（见图6—14）。

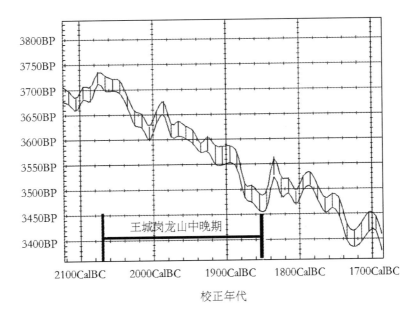

图6—13　树轮年代校正曲线（公元前2100—前1700年校正段）

综合上述情况，¹⁴C 测年与考古相结合，利用系列样品方法，测出了大量年代数据，又有众多比较精确的年代数据作支柱，组成了夏商周时期

---

① 方燕明：《登封王城岗遗址聚落形态再考察》，《中华文明探源工程文集（社会与精神文明卷）》（上），科学出版社 2009 年版。

② 张海、方燕明、吴小红、张雪莲：《王城岗遗址¹⁴C 年代测定、校正与拟合》，《中华文明探源工程文集（社会与精神文明卷）》（下），科学出版社 2009 年版。

的、误差大为缩小的考古年代框架。这对于考古学和先秦史的研究，是非常有意义的。

通过系列样品测年方法，与考古密切结合，有希望将比较精确的考古年代框架，向更远古的方向推进。

（本文于 2012 年 5 月在苏州张家港"文明探源汇报会"上宣读）

后　记

　　1996 年国家"九五"期间启动的"夏商周断代工程"，使系列样品 ^{14}C测年方法有了英雄用武之地。经过"夏商周断代工程"项目工作人员的共同努力，最终获得了专家组共识的夏商周考古年代框架。《^{14}C 测年与中国考古年代学研究》除了介绍 ^{14}C 测年技术的发展过程以及一般在考古上的应用外，主要是向读者介绍系列样品 ^{14}C 测年方法应用于夏商周考古年代学研究所取得的误差比以前大为缩小的考古年代框架。

　　本书的编写过程实际上是我和蔡莲珍一起完成的。本书能够出版，更要感谢中国社会科学院学部委员会和中国社会科学出版社的支持。繁琐的审校工作由蔡莲珍和郭鹏担任，他们为此付出了艰辛的劳动。在此我要向一切有关的工作人员和鼓励、支持我编写此书的同事表示真诚的感谢。

仇士华

2014 年 12 月